Chalkidikí

Klaus Bötig

Inhalt

Das Beste zu Beginn

Schnell da
Die Region ist die kurvenärmste des Landes, die Straßen sind bestens ausgebaut. Da fahren Sie vom Flughafen selbst zu den entferntesten Orten nur zwei Stunden. Und für Thessaloníki brauchen Sie gar kein Auto. Linienbus 78 bringt Sie vom Airport rund um die Uhr für 1,20 € ins Zentrum.

Die erste Nacht auf der Chalkidikí
Ich fahre immer zuerst nach Áfitos (▶ S. 18) auf der Kassándra-Halbinsel. Das historische Dorf verströmt viel Flair, hat exzellente Cafés, Bars und Tavernen. Und von der Höhenpromenade aus schaue ich schon zur Halbinsel Sithonía hinüber, hinter der der Heilige Berg Áthos in den Himmel ragt.

1000 Strände – und der eine
Wer eine Rundreise über die Chalkidikí unternimmt, sammelt keine alten Tempel, Kirchen und Klöster. Historisches ist dünn gesät. Dafür ist die Halbinsel mit den drei Fingern Griechenlands strandreichste Region. Jeder findet hier einen Badeplatz ganz nach seinem Geschmack. Meinen Lieblingsstrand, den Develíki Beach (▶ S. 62) zwischen Sithonía und Áthos, steuert bisher kaum jemand an.

Von Goa bis Karibik
Manche chalkidikischen Strände erwachen erst nachts zu vollem Leben. Viele Beach Bars auf der Sithonía sind wahre Party-Hotspots – allen voran die Goa Bar (▶ S. 55) bei Sarti und die Ethnik Bar (▶ S. 52) bei Toróni. Da wird auch in Bikini und Badehose getanzt.

Anders baden
Im Meer planschen sie alle. Badeerlebnisse der besonderen Art bescheren der Thermalwasser-Pool Loutrá auf der Kassándra und das Schlammbad Laspóloutra bei Kavála. Ein Spaßbad gibt's nahe Thessaloníki (www.waterland.gr).

Zwei Tage auf See
Zwei Urlaubstage sollten Sie auf dem Wasser verbringen. An einem unternehmen Sie eine fast private Kreuzfahrt ab Órmos Panagías (► S. 58) zur Mönchsrepublik Áthos. An einem anderen Tag nehmen Sie selbst das Ruder in die Hand, mieten ein Motorboot und steuern von Vourvouroú (► S. 56) oder Ouranoúpoli (► S. 63) aus die Strände auf den vorgelagerten Inseln an. Einen Bootsführerschein brauchen Sie dafür nicht.

Schweine mit Glöckchen
Die Natur zeigt sich auf der Chalkidikí meist von einer ganz sanften Seite. Selbst die Wildschweine im waldreichen bergigen Hinterland (► S. 44) haben hier ihre Besitzer. Zweifeln Sie also nicht an sich selbst, wenn Sie dort beim Herumkreuzen Wildsäue mit umgehängten Glocken sehen.

Shoppen im letzten Moment
Nordgriechenlands attraktivste Souvenirs sind Kulinaria. Die kaufen Sie auch noch gut und in großer Vielfalt im Abflugbereich des Makedonía Airport bei Thessaloníki ein. Zudem können Sie so Spirituosen, Olivenöl und griechische Naturkosmetika auch dann problemlos mit ins Flugzeug nehmen, wenn Sie nur mit Handgepäck reisen.

Stadt am Meer
Pfeifen Sie doch einmal auf Ihre Unterkunft im fest gebuchten Strandhotel und bleiben Sie eine Nacht in Thessaloníki (► S. 76)! Die Nacht wird sicherlich kurz – denn außer zahllosen Museen, alten Kirchen, lebhaften Märkten und tollen Geschäften hat die Großstadt am Thermäischen Golf auch eine sehr vielseitige Musikszene zu bieten.

Die Chalkidikí empfinde ich immer als ausgesprochen ›schmuck und adrett‹. Da brauche ich zum Ausgleich das ganz normale griechische Hinterland und vor allem Thessaloníki als quirlige Balkan-Metropole.

Fragen? Erfahrungen? Ideen?
Ich freue mich auf Post.

Mein Postfach bei DuMont:
k.boetig@dumontreise.de

Das ist die Chalkidikí

Die Chalkidikí ist Griechenland zum Eingewöhnen. Auch wer noch nie in Hellas war, braucht hier keinen Kulturschock zu fürchten. Auf zweieindrittel Fingern der Halbinsel, jeder etwa 50 km lang, ist alles ganz auf Urlaub eingestellt. Die Straßen sind bestens ausgebaut, das Niveau der Hotellerie liegt auf einem griechischen Spitzenplatz. Tavernen und Restaurants sind gepflegt, zumindest Englisch und etwas Deutsch spricht man überall. 52 Blaue Flaggen zeichnen die Chalkidikí als beste Strandregion im ganzen Lande aus – und das Wasser ist so sauber, dass Sie manchmal sogar Delfine sehen werden.

Gute Mischung

Die Nähe der nordgriechischen Metropole Thessaloníki sorgt dafür, dass die Halbinseln Kassándra und Sithonía keine Touristenghettos sind. Als die griechischen Banken noch freizügig Kredite gewährten – also vor 2010 – erwarben hier viele Großstädter Ferienwohnungen und -häuser. Noch immer verbringen sie darin ihren Sommerurlaub und kommen auch an Winterwochenenden. Das sorgt dafür, dass viele Tavernen anspruchsvoll griechisch kochen, dass Hotels und Gemeinden Kulturfestivals auf griechisches Publikum ausrichten, dass in Bars und Beach Clubs moderne griechische Musik den internationalen Hits Paroli bietet. So bewahrt sich die Chalkidikí trotz über 10 Mio. Fremdenübernachtungen jährlich ein Lokalkolorit. Fromme Männer setzen dem ein i-Tüpfelchen auf: Die 2700 orthodoxen Mönche der Mönchsrepublik Áthos, die zwei Drittel des dritten Fingers einnimmt. Da erreicht die Chalkidikí eine in ganz Europa einmalige spirituelle Dimension.

Alles ›néa‹

Die Áthos-Mönche haben das Gesicht der Chalkidikí ganz wesentlich geprägt. Ihren 20 Klöstern gehörten bis 1923 riesige Ländereien auf allen drei Fingern. Dörfer gab es dort kaum. Als nach dem gescheiterten griechischen Versuch, die Türkei zu erobern, 1,3 Mio. Griechen aus Kleinasien vertrieben wurden, mussten Kirche und Klöster viel Land an den Staat abtreten. Der siedelte darauf Zehntausende von Flüchtlingen an. Über 20 neue Dörfer entstanden so in den 1920er-Jahren. Man gab ihnen den Namen der alten Heimatregion in Kleinasien und setzte ein ›neu‹ davor: Néa Potidéa, Néa Fókea oder Néos Marmarás zum Beispiel. All diese Orte sind also noch keine 100 Jahre alt.

Metropole des Balkans

Thessaloníki hingegen kann sein Alter nicht leugnen. Die Großstadt am Meer ist landseitig noch nahezu vollständig von ihren mittelalterlichen Mauern umgeben. Sie umschließen byzantinische Kirchen, römische und osmanische Bauten. Über 100 000 Studenten sorgen für junges Leben. Kunst-, Musik- und Filmfestivals haben feste Plätze im umfangreichen Kultur- und Eventangebot. Auf den Märkten ist noch ein ganz schwacher

Knapp 300 Kilometer Küste – mal lang und sandig, mal von Felsen und Pinien gerahmt – lassen dem Reisenden auf der Chalkidiki viel Wahl.

Hauch von Orient zu verspüren, in den von Pomeranzenbäumen gesäumten Haupteinkaufsstraßen kauft der halbe Balkan ein, denn auch für die Bewohner der umliegenden Staaten ist Thessaloníki ein attraktives Einkaufsziel. Von allen Badeorten der Chalkidikí aus sind auch Sie schnell da.

Wälder und Felder

Drei Finger sind noch keine Hand. Aber auch die gehört zur Chalkidikí. Von den Halbinseln aus steigt das Hinterland zu einer über 1000 m hohen Bergkette an. Große Getreidefelder und Olivenhaine tauchen sanfte Hänge in ein für Ägäiskenner ungewohntes Grün, weiter oben werden zwischen dichten Wäldern griechische Christbäume gezogen, brechen schwarze Schweine mit Kuhglocken um den Hals durchs Unterholz. Hier ist noch traditionelle makedonische Volksarchitektur zu finden, wohnen Rundreisende in historischen Herrenhäusern, essen Waldkartoffeln und Trüffel – und bei Wirt Sógambros sogar Schwiegermutterkoteletts.

Noch mehr Hellas

Und wenn es dann noch etwas mehr sein darf, sind historische und landschaftliche Höhepunkte Makedoniens mit Auto oder Ausflugsbus gut zu erreichen. Da laufen Sie durch Gassen, in denen Philosoph Aristoteles als Kleinkind spielte, oder stehen am Grab Philipp II. Sitzen ganz relaxt in meterdickem Fango-Schlamm, übernachten in einer Alhambra en miniature. Lassen Ihre Füße in dem Bach baumeln, in dem der Apostel Paulus die erste Europäerin zur Christin taufte. Sehen den Götterberg Olymp, wo Zeus mit seiner Gattin Hera zankte. Genießen den frischen Fisch aus der Ägäis, löffeln Joghurt mit Maulbeersauce, verbringen lange Nächte in coolen Beach Bars. Sie merken schon: die Chalkidikí ist nicht nur Griechenland zum Ein-, sondern auch zum Angewöhnen!

Chalkidikí und Thessaloníki in Zahlen

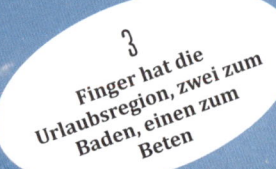

3
Finger hat die Urlaubsregion, zwei zum Baden, einen zum Beten

0
Frauen dürfen die Mönchs-
republik Áthos betreten.

1
bewohnte Insel gehört zur
Chalkidikí.

3,35
Euro betrug der gesetzliche Min-
destlohn in Griechenland 2017.

15
Liter Olivenöl verbraucht der
Durchschnittsgrieche pro Jahr.

20
Klöster mit insgesamt 2700
Mönchen zählt die Áthos-
Halbinsel.

25
Grad Celsius wird das Meer an
den Stränden im August warm –
sagt die Klimatabelle.

111
Kilometer ist die Ringstraße um
die Halbinsel Sithonía lang.

277
Spielautomaten schlucken viel
Geld im Kasino von Pórto Carrás.

382
Jahre hatten die Osmanen in
Thessaloniki das Sagen, ehe es
1912 befreit wurde.

2003

Meter hoch ragt der Berg Áthos aus der Ägäis auf.

2440

Meter misst die Landebahn des Flughafens Thessaloníki.

46 001

Juden aus Thessaloníki wurden 1943 in deutsche KZ deportiert.

100 000

Studierende besuchen in etwa die 1925 gegründete Universität von Thessaloníki.

105 908

Bewohner zählte die Chalkdikí bei der Volkszählung 2011.

5 431 293

Passagiere kamen 2015 am Flughafen Thessaloníki an.

So schmeckt die Chalkidikí

Mir schmeckt die nordgriechische Küche am besten. Hier liebt man das Essen gut gewürzt und manchmal sogar scharf. Wer noch mehr Pep braucht, kann überall getrocknete Chili-Raspel als *búkovo* bestellen – und mit verschärften Ansprüchen auf Extra-Tellerchen auch eine leicht in Öl angebratene Chilischote, eine *kafterí piperjá*. Anderswo in Griechenland würde man sie für ein Mordwerkzeug halten.

Den Norden am Gaumen
Das weltberühmte *gýros* gibt es inzwischen sogar in Goa und Thailand, zu Hause aber ist es in Makedonien – also hier. Unter Ausländern weit weniger bekannt ist das *bougátsa,* das Griechen rund um die Uhr mundet. Ursprünglich stammt es aus dem makedonischen Städtchen Sérres. Da erhält man die Strudelteigtaschen mit einem Dutzend verschiedener Füllungen. Im übrigen Hellas bevorzugt man süße *bugátsa kráma,* gefüllt mit einer Art Griespudding und bestreut mit reichlich Puderzucker. Besser zu Wein und Bier geeignet ist das salzige *bugátsa tirí,* gefüllt mit Ziegenkäse.

Essen gehen
Griechen lassen sich ungern bevormunden. Darum sind die meisten Tavernen und Restaurants in Hellas von morgens bis Mitternacht durchgehend geöffnet. Beschränkte Küchenzeiten kennen nur ausgesprochene Touristenlokale. Auf der Chalkidikí kommen den Wirten die unterschiedlichen Essgewohnheiten der Gäste sehr zu Gute: Die Deutschen erscheinen abends um 18 Uhr, die Franzosen und Italiener zwei Stündchen später. Wenn all die Ausländer satt sind, haben die Griechen endlich genug Freunde und Verwandte zusammengetrommelt, um sich mit ihnen zu Tisch zu begeben.

Die ›paréa‹ macht den Unterschied
Zu zweit kann man auch zu Hause essen, denken die meisten Hellenen. Erst die *paréa,* die Tischgemeinschaft, macht aus dem Hungerstillen ein soziales Event. Symptomatisch dafür ist das Brot im Korb: Es kommt nicht in Scheiben auf

---

UNGEWOHNTE SALATE

#*choriátiki:* Der griechische Bauernsalat mit Tomaten, Gurke, roter Zwiebel, Paprika, Oliven und Ziegenkäse ist nur eine von vielen Salatvariationen. Auf der Speisekarte stehen viel mehr.
#*chórta:* Der Salat aus gekochten Blättern und Stängeln von wilden Grünpflanzen ist immer wieder anders, besteht z. B. aus Mangold, Huflattich, Spinat oder Brennesseln.
#*patsária:* Rote Bete ist hier nicht sauer angemacht, sondern samt Blättern und Stielen lauwarm in etwas Öl und wird häufig mit einem Knoblauch-Kartoffelpüree *(skordaliá)* serviert.
#*Pürees:* Sie gelten den Hellenen oftmals als Salat, das allseits bekannte *tzazíki* ebenso wie ein Püree aus Fischeiern und Brot *(taramá)* oder aus gelben Platterbsen *(fáva).*
#*politikí:* Typisch makedonisch ist dieser leicht säuerliche Krautsalat mit Karottenstreifen, den man im übrigen Griechenland nicht kennt.

PATSÁRIA ME SKORDALIÁ

Rote Bete mit Knoblauch-Kartoffel-püree – ein Standardgericht, das angeblich ein langes Leben schenkt.

Zutaten für 4 Personen
1 kg mehlige Kartoffeln
2 Rote Bete
4 Knoblauchzehen
1 TL Kräuteressig
125 ml Olivenöl
1/2 Zitrone
Salz, Pfeffer

Kartoffeln schälen, in Würfel schneiden und in Salzwasser kochen. Danach pürieren, Öl unterheben und mit 3 gepressten Knoblauchzehen, Essig, Zitronensaft, Salz und Pfeffer abschmecken. Kühl stellen. Rote Bete kochen und in dünne Scheiben schneiden. 1 gepresste Knoblauchzehe mit Olivenöl vermischen und über die Scheiben geben. Warm mit dem gekühlten Skordaliá servieren.

Der griechische Kaffee (kafés ellinikós) wird aus einem Blechkännchen als Mokka mit Kaffeesatz serviert.

Grundwissen für Kaffeetanten

Filterkaffee gibt es nur selten. Stattdessen trinkt man löslichen Kaffee, der *ness* genannt wird. Man bekommt ihn heiß *(sestó)* oder kalt und schaumig geschlagen *(frappé),* wahlweise mit oder ohne Milch *(me/chorís gála).* Bei der Bestellung von *frappé* und *kafés ellinikós* müssen Sie den gewünschten Süßegrad angeben: *skétto* = ohne Zucker, *métrio* = mittel, *glikó* = süß.

Weine und Schnäpse

Nordgriechenlands Weine gehören zu den besten des Landes. Kellereien wie Tsantális, Domaine Carrás, Biblía Chóra und Kir Yiánni sind große Namen. Zum Essen oder danach trinkt man auch gern *tsípouro,* einen klaren Tresterschnaps ähnlich dem Grappa, manchmal mit Anis aromatisiert.

den Tisch, sondern nur angeschnitten. Das gemeinsame Brotbrechen hat da schon fast spirituelle Bedeutung. Auch mit allen anderen Gerichten geht man ähnlich um. Keiner bestellt für sich allein, feste Menüfolgen gibt es nur in Sternerestaurants und Touristenhochburgen. In der Taverne steht alles in der Tischmitte. Jeder bedient sich nach Lust und Laune.

Fisch und Meeresfrüchte

Frischer Wildfisch wird meist nach Gewicht berechnet. Wer beim Abwiegen dabei ist, vermeidet spätere Unklarheiten. **Kalamáres** werden in Griechenland nicht als ›Gummiringe‹ serviert, sondern ›wie gewachsen‹. Oft bekommt man das Tier auch als ganzes serviert – am besten lecker gefüllt. **Miesmuscheln** isst man in Hellas nirgends frischer als auf der Chalkidikí. Die Wirte werden von Muschelbänken aus der Region versorgt.

TIPP

Der Kellner nennt den Rechnungsbetrag: 37,20 €. Sagen Sie dann bloß nicht: 40, wie bei uns üblich. Ein Grieche würde nämlich denken, dass Sie an seinen mathematischen Fähigkeiten zweifeln! Lassen Sie sich also auf jeden Fall das Wechselgeld geben und drücken Sie es auf keinen Fall dem Kellner jovial in die Hand. So bedenkt man Bettler. Als Dankeschön für gute Bedienung lässt man hier den Obolus einfach beim Weggehen auf dem Tisch liegen!

Ihr Chalkidikí-Kompass

WOMIT FANGE ICH AN?

#1
All inclusive ist woanders – **Áfitos**

Hier passt sich der Tourismus dem Ort an – nicht umgekehrt

#2
Frühe Ökumene – **der Tempel des Zeus Amon**

JEDEM SEINEN GOTT

#3
Hinaus ins Grüne – **Wanderung zum Mavrobára-See**

ZUR BEGRÜSSUNG KOMMEN SCHILDKRÖTEN

#12
Eine andere Welt – **Thessaloníkis Oberstadt**

IDYLLEN IM GASSENGEWIRR

#13
Vom Erdboden verschluckt – **Vergína**

Abstieg in die Königsgruft

#14
Felsenklöster für alle – **Metéora**

Dem Himmel ganz nah

#15
Als die Welt noch rauchte – **Kavála**

BLAUER DUNST machte sie reich

#4

Schön demokratisch –
antikes Ólynthos

#5

Für Herz und
Gaumen –
am Cholomóndas

ANREGUNG
FÜR
WAHL-
VERSPRECHEN

HEUTE MAL SCHWIEGERMUTTERKOTELETT?

ALLES IM
GRÜNEN
BEREICH

#6

Wandern zwischen
den Welten –
Parthenónas

Diese Insel
bekam erst
1973 Strom

#7

Insel-Feeling
für viele – **Amoulianí**

EINE ETWAS ANDERE
—MÄNNERWELT→

Die Kinderstube
des
Philosophen

ALLES,
WAS DAS HERZ
BEGEHRT

#8

Mit gebührendem
Abstand –
Áthos-Kreuzfahrt

#9

Aristoteles auf
der Spur –
antikes Stágira

Ein fast
vergessenes Reich

#11

Mittelalter in Hellas –
**Byzantinisches
Museum**

#10

Märkte und Trödel –
**Shopping in
Thessaloníki**

Kassándra

Der westliche Finger der Chalkidikí ist ihr sanftester. Grüne Hügel, große Felder, Olivenhaine und Pinienwäldchen prägen die Natur. Keine Spur von ägäischer Kargheit macht sich bemerkbar. Die Strände sind lang und feinsandig. Vor allem auf der Ostseite reihen sich die Badeorte dicht aneinander und halten Betten für Zehntausende Urlauber bereit. Aber kein einziger Hotelklotz verschandelt die Landschaft. Traditionelle griechische Bilderbuchidylle dürfen Sie freilich nicht erwarten.

Néa Potidéa 🗺 D 5

Ein Kanal trennt die Kassándra vom griechischen Festland, macht sie streng gesehen zur künstlichen Insel. Als erster Ort begrüßt Sie hier sogleich Néa Potidéa, das einzige Dorf der Chalkidikí, das an zwei großen Meeresbuchten zugleich liegt: dem Thermäischen und dem Toroneischen Golf.

Einmal durchs alte Dorf

Néa Potidéa (1600 Einw.) lässt Ihnen keine Wahl: Wenn Sie vom Festland her kommen, fahren Sie zunächst durchs alte Dorf westlich der Nationalstraße. Aus der Gegenrichtung werden Sie zunächst in den neuen Ortsteil östlich von ihr geleitet. Im alten Dorf führt die Hauptstraße an der großen **Platía** vorbei immer geradeaus bis an den Thermäischen Golf. Hier biegen Sie rechts ab zum **Fischereihafen,** in dem meist recht viel Betrieb herrscht. Im Wasser dicht vor dem Ufer sind die Reste eines byzantinischen **Festungsturms** zu erspähen. Landseitig erkennen Sie die Überreste der mittelalterlichen **Stadtmauern,** die Feinden den Zutritt zur gesamten Kassandra verwehren sollte.

Am Kanal von Potidéa

Eine schmales Sträßlein führt am Ufer des 1250 m langen **Kanals** entlang und auch unter den beiden **Kanalbrücken** hindurch. Die ältere der beiden wurde erst 1970 erbaut – bis dahin war die Kassándra nur mit einer an einem Drahtseil geführten Fähre oder auf dem Seeweg zu erreichen. Wann der Kanal angelegt wurde, ist unklar: Vielleicht schon im 10. Jh., vielleicht aber auch erst im 14. Jh.

Wo die Urlauber wohnen

Die Neustadt jenseits der Nationalstraße stammt jedenfalls erst aus dem späten 20. Jh. Sie wird von einem langen, wenn auch schmalen **Sandstrand** und einer **Uferpromenade** voller Cafés und Restaurants gesäumt. Feriengäste wohnen

ÜBRIGENS

Der berühmte Sokrates (der antike Philosoph, nicht der Fußballer) war auch schon hier. Sogar als Soldat: während der Belagerung des antiken Potidaia durch die letztlich siegreichen Athener. Statt zu töten, dachte er lieber nach. Und stand einmal 24 Stunden lang nahezu unbewegt mitten im Kampfgetümmel, um ein kniffliges Problem zu lösen. Man ließ ihn in Ruhe gewähren.

hier vor allem in modernen Apartments in gut ins Ortsbild eingefügten, unauffälligen Häusern.

🏠 Fast wie Zuhause
Haus María
Alexander Maurich und Elissavét Sapanídou lernten sich bei Saturn in Essen kennen und lieben, denn dort haben beide gearbeitet. Die Vorgeschichte wirkt nach: Auch im Apartmenthaus, das sie zusammen mit Mama Sofía und Tochter Nicoletta betreiben, stehen allen Gästen diverse Computerspiele kostenlos zur Verfügung, sind in allen 16 Studios und Apartments deutsche Fernsehprogramme, Bundesliga inklusive, bestens zu empfangen. Sie können sich aber auch gut mit den Gastgebern über das heutige Leben in den Zeiten der griechischen Krise unterhalten oder von ihnen erfahren, was die Menschen auf der Kassándra im Winter so treiben. Zum Strand kommen Sie in drei Minuten. Odós Agíou Nikoláou, im Süden des östlichen Ortsteils, T 23 73 04 12 13, www.hausmaria. net, DZ im Mai 35 €, im August 50 €, jeweils plus 15 € für Endreinigung

🍴 Zeitversetzt
Ta Kástra
Die einzige Taverne fast direkt am Kanalufer bezieht die antik-mittelalterliche Stadtmauer in ihre Terrassengestaltung

mit ein. Wildblumen wuchern aus ihr her-
vor, Katzen finden in diversen Öffnungen
einen Unterschlupf. Die Gäste sitzen auf
Kies statt Beton, haben griechische Musik
im Ohr, Fischerboote vor Augen, karierte
Decken auf dem Tisch. Das Essen ist typische Tavernenkost zum günstigen Preis.
Für Stammkunden kocht Wirtin María
zudem auf Vorbestellung jedes Gericht,
dass sie sich wünschen.

An der Kanaluferstraße, März–Dez. tgl. ab 12
Uhr, Hauptgerichte ca. 8–12 €

🍴 Anders verortet
Argonáftes

Die mythischen Argonauten (die mit
dem Goldenen Vlies) kamen von der
Pílion-Halbinsel. Aus deren Hauptstadt
Vólos stammen auch die Wirtsleute
dieser Taverne unter schattigen Tamarisken. Das bringt Pepp in die Küche.
Hier bestellt man herzhaftes *spetsofái*
(Wursteintopf mit Paprikagemüse) oder
leicht scharfes *bekrí mezé* (gebratenes
Schweinegulasch), *florinís* (mit Käse
gefüllte, süße Paprikaschoten) oder
soupjés ksidátes (sauer eingelegte
Sepia). Echte Pilioten machen's noch
anders, verlangen einfach nach *tsípouro
me mezé* und bekommen 1 cl Tresterschnaps und kleine Leckereien nach
Wahl des Wirtes. Samstagabends und

*Der Kanal von Potidéa spart nicht nur
Freizeitskippern viel Zeit, sondern auch
professionellen Fischtrawlern, die hier
häufig zu sehen sind.*

Sonntagmittags spielt dazu griechische
Livemusik.

Am westlichen Kanalausgang, tgl. ab 11 Uhr,
soupjés 8 €, süße Paprika 4,50 €

⚙ Simply the best
Bayamo all day

Weiße Möbel und wehende Tücher
auf einer Terrasse, auf Stelzen direkt
übers Wasser gesetzt – ideal als erster
Kaffeestopp auf der Kassándra und als
letzter am Abend. Dann färben Lichter
das Meer türkis, holen den schmalen
Strand und rötliche Felsbrocken aus
der Dunkelheit. Tagsüber ist die Musik
dezent, abends kommt auch 'mal
Partystimmung auf – und das auch an
Winterwochenenden, wenn die Stammgäste aus Thessaloníki da sind.

Im westlichen Ortsteil direkt an der Uferstraße,
tgl. ab 10 Uhr

Néa Fókea 🗺 D 6

**Die nicht einmal 100 Jahre alte
Siedlung ist der einzige Ort an der
Ostküste der Kassándra, in dem
der Tourismus nur eine geringe
Rolle spielt. Reizvoll zeigt sich ihre
Hafenbucht, in der meist kleine
Fischerboote vor Anker liegen. Am
Ufer finden Sie gute Fischtavernen
und alles Sehenswerte. Dort kön-
nen Sie auch bequem parken!**

Fluchttunnel für den Apostel

Das heutige Néa Fókea (1700 Einw.)
wurde erst 1923/24 gegründet, aber
vor fast 2000 Jahren soll bereits der
Apostel Paulus hier gewesen sein. Er
reiste, so will es die örtliche Legende,
unterirdisch an. Von Heiden auf der
Sithonía-Halbinsel verfolgt, hatte sich
für ihn ein Felsspalt geöffnet, durch den
er fliehen konnte. An der Stelle, wo er
wieder ans Tageslicht stieg, verehrt man
ihn heute in der dunklen Kapelle **Ágios
Pávlos** (an der Hauptstraße gegenüber
vom Hafen, frei zugänglich). Ursprünglich
handelt es sich um ein makedonisches
Grab aus dem 3./4. Jh. v. Chr. Vor der nur
brusthohen Eingangstür liegt links eine

halbrunde Tischplatte auf einem antiken Säulenstumpf. Vom Vorraum voller billiger Ikonen führen Stufen in den Hauptraum hinab. Am Fuß der Treppe können Sie sich noch etwa 15 Schritte weit gebückt und bei schummrigem Licht in die Grabkammer hineinwagen.

Etwas erhöht über der **Hafenbucht** ragt ein gut erhaltener **Wehrturm** aus dem 15. Jh. 17 m hoch auf. Von hier aus verwalteten Mönche des Klosters Ágios Pávlos auf dem Berg Áthos ihre Güter auf der Kassándra, hier lagerten sie auch die Feldfrüchte bis zum Abtransport. Betreten darf man ihn nicht.

🍴 Boote vor Augen
Ta Kymata
Fisch isst man am besten direkt da, wo er her kommt: am Meer. Die Taverne ›Die Brandung‹ serviert ihn gleich neben der Mole, wo die Fischer ihren Fang an Land bringen.
An der Hauptstraße auf Höhe der Ampel, tgl. ab 12 Uhr, Frischfisch ca. 50–80 €/kg

⚓ Gut für den Sundowner
Thókos
Von der schattigen Open-air-Bar mit langem Tresen blicken die Gäste auf die Fischerboote und das chalkidikische Festland, über dem am Abend die Sonne untergeht.
Zwischen Hafenbucht und Wehrturm, Juni–Sept. tgl. ab 12 Uhr

Áfitos 🗺 D 6

Die meisten Orte auf der Kassándra-Halbinsel sind noch keine 100 Jahre alt. Da ist Áfitos mit seinen vielen Häusern aus dem 19. und frühen 20. Jh. schon willkommen anders. Die schöne architektonische Kulisse und die attraktive Lage am Rand eines Steilufers locken Tagesausflügler. Trotz vieler Urlauber in den Gassen kommt aber kein Getto-Gefühl auf.

Ein Dorf mit viel Atmosphäre
Beim Bummel durch Áfitos (▶ S. 20) zeigt sich der Kunst(handwerks)sinn mancher seiner 1200 Einwohner. Wirklich regional hergestellte Mitbringsel mit etwas Niveau finden Sie hier besser als anderswo auf den drei Fingern. Auch die Gastronomie spielt auf gehobenem Level. Für Individual-

Der Wehrturm über dem Hafen von Néa Fókea erinnert daran, dass große Teile der Chalkidiki bis Anfang des 20. Jh. im Besitz der Athos-Klöster waren.

ÁFITOS

urlauber lohnt es, hier mehrere Tage zu verbringen.

Simpel, aber familiär
Dína 1
Die Pension mitten im Dorf ist unverwechselbar. Mit ihren Kolonnaden ähnelt sie ein wenig einer Villa am Mississippi, mit ihrem blau-gelben Anstrich der Villa Kunterbunt. Dína und ihre Familie verbringen viele Sommerstunden auf dem kleinen Platz zwischen der Pension und ihrem Privathäuschen, der gleichermaßen als Terrasse und Gästeparkplatz dient. Die Vermietung hat sie nicht reich gemacht. Dínas Mann Sophoklés löst

meist Kreuzworträtsel. Die Studios auf zwei Etagen sind schlicht und unmodern möbliert, haben ein Fenster zur Gasse und den von Dörflern bewohnten Nachbarhäusern hin. Eine langgestreckte Terrasse teilen sich alle Studios der ersten Etage. Ca. 100 m südlich der Platía, T 69 78 17 29 83, www.pansiondina.gr, DZ 30 50 €

Zum Abtauchen
Zeus 2
Das kleine Hotel am Rande des historischen Dorfkerns verwöhnt mit einem kleinen Pool samt Pool-Bar im Innenhof. Auch die Balkons sind dorthin ausgerichtet. Rundreisende finden leicht

1

All inclusive ist woanders – **Áfitos**

Áfitos ist der schönste Ort auf den drei Fingern der Chalkidikí. Hier hat sich der Tourismus dem Dorf angepasst – nicht umgekehrt. Der Strand bleibt eine Randerscheinung, er liegt unterhalb des Steilufers und des Ortes. Oben wird gelebt, unten gebadet.

Mein Fixpunkt in Áfitos ist die kleine Platía vor der Dorfkirche. Hier laufen alle wichtigen Gassen zusammen, hier kommt im Laufe des Tages fast jeder mindestens einmal vorbei, der sich im Ort aufhält. Schon hier wird deutlich, was Áfitos architektonisch prägt: unverputzter Naturstein, der ganz in der Nähe des Ortes gebrochen wird.

Die Inspiration der Steine

Auch die Kirche **Ágios Dimítrios** 1 wurde 1858/59 über spärlichen Resten einer frühchristlichen Basilika aus dem örtlichen Stein erbaut. Ihr Turm zeigt ein weiteres Merkmal des Ortes. Er ist mit symbolischen und figürlichen Motiven auf einfachen Steinreliefs verziert. Denn die Omnipräsenz des Steins hat immer wieder Dorfbewohner verleitet, sich an ihm künstlerisch zu versuchen.

Gleich neben der Kirche liegt die große **Platía** von Áfitos. Sie erfüllt mit ihren Bänken, Mäuerchen, Bars und dem obligatorischen Kiosk mehr als jeder andere Dorfplatz auf der Kassándra-Halbinsel noch die soziale Funktion

Ü
ÜBRIGENS

Wer schreibt richtig, wer falsch? Auf Karten, in Büchern, auf Wegweisern finden Sie mindestens vier unterschiedliche **Schreibweisen** des Ortsnamens: Afytos, Afitos, Athitos, Athytos – und alle sind richtig. Solche Diskrepanzen werden Sie auf Ihrer Reise durch Hellas immer wieder finden – Sie sind ja in der Heimat der Demokratie unterwegs. Meinungsvielfalt ist angesagt, auch bei der Transkription.

Die Platía in Áfitos ist wie eh und je abendlicher Treffpunkt der Dorfbevölkerung.

eines allabendlichen Treffpunkts. An der Platía dämmert ein leider nur im Hochsommer geöffnetes **Ethnografisches Museum** 2 vor sich hin. Im Keller und im Erdgeschoss eines Hauses aus dem 19. Jh. vermittelt es einen Eindruck davon, wie die Menschen früher in dieser Gegend lebten. Im Obergeschoss werden zudem sporadisch Ausstellungen zeitgenössischer Kunst gezeigt, auch lokale Bildhauerkunst.

Ob Sie wollen oder nicht – an der Kirche führt in Áfitos kein Weg vorbei!

Ein wahrer Maniac der Bildhauerkunst ist der 1956 geborene **Vassílis Pavlís,** der es 1996 sogar zum Bürgermeisteramt brachte. Von ihm stammen die meisten der im Dorf aufgestellten Skulpturen und Reliefs in den vielen neuen Steinmauern. Er sorgte auch dafür, dass alte Mühlsteine in den Mauern verbaut wurden. Ein kurzer Spaziergang über die Hauptstraße des Dorfs vorbei an einigen guten Kunsthandwerksläden, stimmungsvollen Tavernen und netten Bars führt zum **Wohnhaus des Künstlers** 3. Sein Garten gleicht einem kleinen Freilichtmuseum.

Antike Wurzeln

Zurück zur Kirche nehmen Sie den Weg über die autofreie **Höhenpromenade** 4 mit grandiosem Blick auf die Halbinsel Sithonía und den bei klarer Sicht dahinter aufragenden Gipfel des Berg Áthos. Von der Promenade führt eine Treppengasse in etwa 15 Minuten zum schmalen **Sandstrand** unterhalb der Steilküste. Dort steht das einzige etwas größere Hotel der Gemeinde (Afytos Beach) – ansonsten wird mitten im Dorf unter Einheimischen gewohnt. Auch das macht den besonderen Reiz von Áfitos aus.

Über den Kirchplatz schlendern Sie weiter zur **Olivenmühle** des Dorfes, die heute die sehr kultivierte **Bar Koutsómylos** beherbergt. Das Gebäude stammt aus dem 19. Jh. und ist ein weiterer schöner Beleg dafür, dass Áfitos eins der ganz wenigen wirklich alten Dörfer auf den drei Fingern der Chalkidikí ist. In der Antike bildete es zusammen mit dem heutigen Kallithéa einen der chalkidischen Stadtstaaten. In Áfitos selbst hat man aus der Antike aber nur einige inzwischen überbaute Gräber gefunden.

ÖFFNUNGSZEITEN
Ágios Dimítrios 1: meist 17–20 Uhr
Bar Koutsómylos 2: tgl. ab 10 Uhr

KULINARISCHES FÜR ZWISCHENDRIN
Vom Kirchplatz aus die der Kirchentür gegenüber gelegene Gasse 30 m weit hinein liegt **Tó Stéki** 3 (T 23 74 09 11 42). Tagsüber ist es die beste Wahl: flotte Bedienung, große Auswahl, günstige Preise.

einen Parkplatz. Zur Dorfkirche gehen die Gäste fünf Minuten, wenn sie nicht vorher schon einkehren.

An der südlichen Zufahrt zum Zentrum, T 23 74 09 12 94, www.hotel-zeus-halkidiki.gr, DZ 50–70 €

Mit Stil
White Suites
Modernes Styling ist auch an Áfitos nicht ganz ohne Spuren vorbei gegangen. Minimalismus überwiegend in Weiß paart sich hier mit afitischem Stein. Zum Strand sind es nur wenige Stufen. Wer mag, kann da auch ein privates Candlelight Dinner direkt am Meer buchen. Alle 14 Suiten sind 25 m² groß. Gäste unter 16 Jahren sind nicht willkommen.

An der Straße vom Zentrum zum Strand, T 23 74 09 15 09, www.whitesuitesresort.com, DZ NS ab 70 €, HS ab 135 €

Beim Fernsehkoch
Sousouráda
Níkos Katsánis war einer der ersten griechischen Fernsehköche. Trotzdem hat er kein Sterne-Restaurant eröffnet, sondern nur eins mit sehr guter und dennoch erschwinglicher Küche. Seine besondere Aufmerksamkeit gilt den Desserts.

An der Straße zum Strand kurz unterhalb der Dorfkirche, tgl. ab 18 Uhr, Dreigänge-Menü ca. 30 €

Schöner Balkon
Stroumboúli
Wer rechtzeitig reserviert, ergattert vielleicht den Vierertisch auf dem einzigen Balkon der Taverne und diniert dann fast privat. Ansonsten ist es aber auch auf der lauschigen Terrasse schön. Vor allem Fisch oder Meeresfrüchte sind zu empfehlen.

An der nördlichen Zufahrt zum Zentrum, T 23 74 11 14 33, tgl. ab 18 Uhr, Hauptgerichte 10–20 €

Schmuckvoll
KM
Kleópatra und ihre Tochter Pétrina freuen sich über Kunden, die nach Qualität suchen. Gerade jetzt, wo sie der sich wandelnden touristischen Klientel wegen auch viel Billigware anbieten müssen. Ihre eigentliche Leidenschaft gilt altem und orientalisch angehauchtem Schmuck.

Am Kirchplatz

Selbst entworfen
Ergáni
Anastassía Apostilídou ist zwar keine Silber- und Goldschmiedin, entwirft aber dennoch gern Schmuck. Den lässt sie von Freunden fertigen und verkauft ihn in ihrem kleinen Laden. Deko-Artikel führt sie außerdem noch.

Am Kirchplatz, etwas zurückversetzt

Objekte mit einer Geschichte
Magaménos
Die Britin Maria Bray aus Plymouth und ihr Mann Zísis Koukoutrígas verkaufen, was ihnen an griechischem Kunsthandwerk und zeitgenössischer griechischer Kunst selbst besonders gut gefällt. Maria weiß zu vielen der Objekte auch eine kleine Geschichte zu erzählen.

Zwischen Dorfplatz und Apotheke

Alltagskunst
Sinódis Christídis
Ein Künstler ist er wohl nicht, aber ein leidenschaftlicher Maler. Seine Bilder bringt er auf Kieselsteine, Zierkürbisse, Muscheln und Dachziegel auf. Schon für

ÜBRIGENS

Maria und Zísis aus dem Magaménos haben unterschiedliche Familiennamen. Nicht etwa weil sie Britin ist! In Griechenland kann die Frau den Namen des Mannes in der den Besitz anzeigenden Genitivform übernehmen, kann ihn aber auch nur an ihren eigenen Geburtsnamen anhängen. Letzteres ist praktisch im Falle einer Scheidung, der Zusatz erlischt automatisch.

unter 10 € finden Sie hier ein originelles Erinnerungsstück.
Zwischen Dorfplatz und Apotheke

Syrtáki war gestern
Mezedopolío Boyiáta ❋

Den Syrtáki tanzen fast nur noch Touristen. Die Einheimischen verstehen unter guter griechischer Musik ganz etwas anders. Beispiele dafür sind an vielen Abenden im Mezedopolío Boyiáta zu hören, wo auch die Wirtsfamilie selbst zu den Instrumenten greift.
Am Kirchplatz, tgl. geöffnet ab 18 Uhr, Musik meist ab 21 Uhr

❶ Infos und Termine
Reisebüro La Calcidica: An der nördlichen Zufahrt zum Zentrum nahe der Platía, T 23 74 09 15 58, www.lacalcidica.com. Organisierte Ausflüge, Vermittlung von Ferienunterkünften.
Pkw: Parkplätze sind in Áfitos knapp. Am bestens parken Sie an den beiden Zufahrtsstraßen, kurz bevor es eng wird.
Linienbusse: Sie halten an der Sithonía-Rundstraße, wenn nicht Áfitos ihr explizites Ziel ist. Von dort sind es etwa 600 m zu Fuß ins Dorfzentrum.
Kirchweihfest: 14./15. Aug. mit Musik und Tanz auf der großen Platía.

Kallithéa 🗺 D 6

Sorry, aber das Schönste am Ort ist sein Name: Guter Blick. 2 km südlich vom Zentrum sorgen die Großhotels Pallíni Beach und Áthos Palace mit zusammen 911 Zimmern dafür, dass sich ein bescheidener Massentourismus entwickeln konnte. Auch gilt Kallithéa als Hotspot des jungen Nightlife der ganzen Halbinsel. Ursprüngliches Griechenland suchen Sie hier vergebens.

Archäologische Funde neben der Strandliege
Das **Zentrum** von Kallithéa präsentiert sich recht bieder als 100 x 150 m großes Geviert mit Restaurants, Bars und Geschäften. Am **Ortsstrand** unterhalb eines niedrigen Steilhangs herrscht meist viel Gedränge. Gleich daneben liegt die bedeutendste archäologische Stätte der Kassándra, der **Tempel des Amon Zeus** (▶ S. 24).

Für archäologische Stöberer hält Kallithéa zudem in den unaufbereiteten Ruinen der **Basilika Solénos** eine Überraschung bereit. Der ausgeschilderte Feldweg dorthin beginnt an der Hauptstraße südlich des Zentrums. Ihm folgen Sie bis an den Strand und gehen von dort aus etwa 100 m weit auf ein deutlich erkennbares Schutzdach zu. Darunter sind die Grundmauern einer Kirche aus dem 5./6. Jh. und ein ebenso altes großartiges Mosaik mit verschiedenen Vögeln, einem Reh und einem Hirsch erhalten. Der Eintritt ist frei, denn es kommt ohnehin kaum jemand hierher.

Können Sie beim Anblick einer üppigen Auswahl an mezédes widerstehen?

🍴 Abseits allen Trubels
Días

Unbedrängt von Nachbarhäusern steht die große, sehr gepflegte Gartentaverne an der mit Pinien bestandenen Steilküste zwischen Ort und Großhotels. Die Küche gibt sich griechisch-schlicht, die Portionen sind groß. Da bleibt meist noch etwas für den Doggy Bag übrig.
Landeinwärts oberhalb der Küstenstraße zwischen Ortszentrum und Großhotels, tgl. ab 12 Uhr, Hauptgerichte ab 10 €

❁ Um Mitternacht
Das Diskothekental

In einem Tal südlich des Ortskerns – fern von ruhebedürftigen Nachbarn –

Frühe Ökumene – der Tempel des Zeus Amon

 # 2

Der griechische Göttervater Zeus und der ägyptische Gott Amon wurden auf der Chalkidikí in einer divinen Gestalt verehrt. Das kleine Heiligtum des Doppelgottes ist die einzige bedeutende archäologische Stätte auf der Kassándra und liegt unmittelbar hinterm Strand, wo Mammon inzwischen die Herrschaft übernahm.

Gerade in unseren Zeiten religiös begründeter Kriege mag ein Blick nach **Kallithéa** hilfreich sein. Statt sich wegen zweier unterschiedlicher Götter die Köpfe einzuschlagen, verschmolz man sie einfach miteinander und machte einen daraus. Ausgerechnet die kriegerischen Spartaner waren Meister darin, verbreiteten den Kult des Zeus Amon in Griechenland. Bei der Belagerung des antiken Áfytos jedoch machte ihnen ihr Doppelgott einen Strich durch die Rechnung. Ihrem Feldherrn Lysander erschien er im Traum und befahl den umgehenden Rückzug. Dankbar errichteten die Afyter daraufhin dem Gott einen Tempel.

Aus zwei mach eins! Zeus ein Paar Hörner aufsetzen, so einfach funktionierte die vorchristliche Ökumene.

Entheiligtes Wasser

Viel ist vom **Tempel des Zeus Amon** 1 nicht mehr zu erkennen. Besichtigen Sie die Ausgrabungen im Uhrzeigersinn, sehen Sie nach einigen Metern rechts einige Basen einer einstigen Doppelreihe von Pfeilern, auf denen wie in ägyptischen Tempeln Statuen standen. Dahinter ist das mehrstufige Fundament des 4. Jh. v.Chr. errichteten Baus auszumachen. Alles, was darauf stand, zerstörten die frühen Christen: Sie postulierten wieder die Alleinherrschaft eines einzigen Gottes.

An die glaubten die antiken Griechen nie. Schon vor Zeus Ammon verehrten die Afyter hier unten am Meer in einer heiligen **Grotte** 2 Dionysos, den Gott der Fruchtbarkeit, des Weins und Theaters. Da in der Nähe der Grotte auch Quellen entsprangen, wurde sie zugleich mit den Nymphen assoziiert. Die frühen Christen entseel-

▶ INFOS

Im Ausgrabungsareal wurde ein kleines **Freilufttheater** ✦ nach antikem Muster angelegt, in dem an Sommerabenden sporadisch Konzerte oder Folkloreaufführungen stattfinden.

ten dann die Natur und degradierten das Wasser zum Energielieferanten. Sie legten über dem Heiligtum eine Wassermühle an, von der die meisten der heute sichtbaren Ruinen im Bereich des Dionysos-Heiligtums stammen.

Wellnessoase der Römer

Die Römer waren da weniger rigoros. Auch sie nutzten die Quellen für ganz weltliche Zwecke: Da für sie ein Leben ohne Badefreuden unvorstellbar war, errichteten sie im Heiligtum eine **Therme** **3**. Aber sie brachten auch einen weiteren Gott mit ins Spiel: Äskulap, den Gott der Heilkunst. Ihm war das Badehaus geweiht. Eine Tafel mit farbigem Grundriss ermöglicht die Zuordnung der Mauerreste: Es gab einen Umkleideraum *(apodyterium),* ein Schwimmbecken *(natatio)* und drei unterschiedlich temperierte Ruheräume, nämlich das *frigidarium* (kalt), das *tepidarium* (warm) und das *caldarium* (heiß). In einem noch erkennbaren Feuerofen wurde mit Holz und Holzkohle heiße Luft erzeugt und dann durch Röhren in den Wänden und Luftschächte unter dem Boden geleitet. Baden können Sie in den Thermen heute freilich nicht mehr.

Ü ÜBRIGENS

Heimwerker? Unmittelbar vor Verlassen des Geländes sollten handwerklich Versierte noch die englischsprachigen **Tafeln** **4** studieren. Sie erläutern, mit welchen Werkzeugen antike Steinmetze arbeiteten und welche Spuren sie damit an den Steinblöcken hinterließen.

INFOS/ÖFFNUNGSZEITEN

Lage/Anfahrt: Am Strand von Kallithéa nördlich des Hotels Amon Zeus. Folgen Sie am südlichen Ende der Ortsdurchfahrt dem Schild ›Sanctuary of Amon Zeus‹.
Geöffnet: Mai–Okt. tgl. 8.30–15.30 Uhr, Eintritt frei
Dauer eines Rundgangs: 20–30 Min.

KLEINE RAST

Hinter dem modernen Freilufttheater **1** können Sie im Schatten alter Bäume ausruhen und ein mitgebrachtes **Picknick** verzehren. Bänke aufzustellen hat man freilich vergessen.
Im Park an der Ortsdurchfahrt direkt oberhalb des Tempels lädt das gemütliche

Café To Spitáki **1** (tgl. ab 11 Uhr, Frappé 4 €) zu einer Pause mit Meerblick ein.

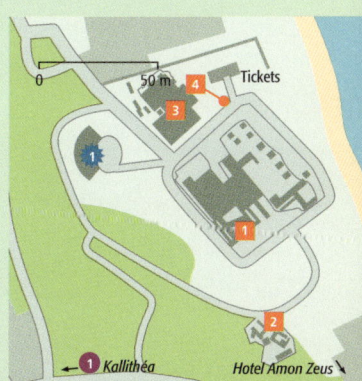

haben sich mehrere Discos und Music Clubs zusammengefunden, die junge Partygänger der ganzen Kassándra anziehen. Vor 24 Uhr ist gar nichts los, zwischen 2 und 4 Uhr morgens am meisten. Zuletzt hießen die fünf Clubs im Tal **Ahoy, Coral, Fix Live, Island** und **Pearl** – die Namen wechseln gelegentlich. Größter Club ist das Ahoy mit Platz für 3000 zumeist mit dem Auto anreisende Gäste.

Kriopigí 🔲 E 7

Für Rundreisende lohnt der eher ruhige Ort namens Kalte Quelle keinen Stopp. Wer hier ein Zimmer gebucht hat, kann sich aber durchaus wohlfühlen. Der idyllische Pigadákia Beach ist nur im August richtig voll und im alten Dorfkern aus dem 18. Jh. wartet am Abend eine schöne Taverne auf Ihren Besuch.

Mit dem ›trenaki‹ zum Strand
Der alte **Ortskern** von Kriopigí (500 Einw.) landeinwärts der Inselrundstraße liegt zwar 1 km vom Meer entfernt, aber ein offener Minizug auf Gummirädern fährt die Strandurlauber hinunter. Dort säumt das lange, gewundene Sandband des Pigadákia Beach eine sattgrüne Kieferböschung, die viel Naturschatten bietet. Außer einer kleine Kafetéria gibt es noch nicht einmal eine Taverne.

🏠 **Taschenrechner erforderlich**
Villa George
Rechnen Sie gerne? Dann schauen Sie mal auf die Preisliste dieser 50 m vom Strand entfernten Apartmentanlage mit Pool. Die Aufgabe: Doppelzimmer kosten hier je nach Kategorie zwischen dem 11. Juli und 19. August 81 € oder 94 €. Für die übrigen Tage im Juli und August gibt es 30 %, im Juni und September 50 %, im Mai und im Oktober 60 % Ermäßigung. Fürs Frühstück wird 5 € pro Person berechnet, für die Nutzung der Klimaanlage 5 € pro Tag. Zwei

Liegestühle und ein Sonnenschirm am Strand können für 4 € gemietet werden. Zum Zimmerpreis addieren sich noch 7 % Steuern. Wie teuer wird Ihr Urlaub hier zu Ihrem Wunschtermin?
Nahe dem Pigadákia Beach, T 23 74 05 15 44, www.villa-george.gr

🍴 **So ist es schön!**
I Platía tis Anthoúlas
Richtig griechisches Dorfgefühl kommt auf in der gut auf traditionell gestylten Taverne von Giórgos Krítos und seiner Frau Anthoúla. Auf Frische und Regionalität wird in der Küche im über 150 Jahre alten Natursteinhaus an der kleinen Platía stets geachtet. Auch ausgefallene Gerichte aus verschiedensten Landesteilen stehen auf der Tageskarte. *Fáva* beispielsweise, ein Platterbsenpüree aus Kreta und Santorin, das am besten mit viel Zwiebeln und Öl schmeckt.
Im alten Dorf nahe der Kirche, Mo–Fr ab 17, Sa/So ab 13 Uhr, Hauptgerichte 8–15 €

🟠 **Termine**
Kirchweihfest: Am 14./15. Aug. wird auf der kleinen Platía im alten Dorf mit Musik und Tanz gefeiert.

Políchrono 🔲 E 7

Besonders Reisende aus osteuropäischen Ländern verbringen in dem Badeort mit vielen kleinen Pensionen und Apartmenthäusern gerne ihren Urlaub. Wenig Flair versprüht die enge, von schmalen Blumenrabatten gesäumte Uferpromenade, die sich die Flaneure mit Autos teilen müssen. Der Strand direkt davor ist mit Liegestühlen in fünf Reihen gespickt. Da kommt Rimini-Feeling auf.

Abseits der Küste
Jenseits der Kassándra-Rundstraße aber beginnt in **Políchrono** (1000 Einw.)gleich nahezu unverbaute Natur. Wer mag, wandert in zwei Stunden

Von der Uferpromenade in Pefkochóri ragt eine Mole hinaus in die Bucht. Von hier aus können Sie mit Ausflugsbooten in See stechen.

zum **Mavrobára-See** (▶ S. 28). Auch mit Jeep oder Moped ist er über Forstwege zu erreichen.

Chanióti 🕮 E 7

Kleinigkeiten machen den Unterschied aus. Auch das 1000 Einwohner zählende Chanióti wurde erst in den 1930er-Jahren gegründet und stark vom Tourismus geprägt, besitzt aber durchaus Flair. Seine Uferpromenade am langen Grobsandstrand gehört ganz allein den Fußgängern. Ein 60 m breiter Park schirmt sie vom Verkehr ab. Im Zentrum lässt eine große Platía echte Dorfatmosphäre aufkommen.

🍴 **Hamburger Jung'**
Archontikó
Seniorchef Ilías hat 35 Jahre lang in Hamburg gelebt. Auch darum gibt es bei ihm neben kreativ verfeinerter griechischer Küche die besten Steaks weit und breit. Nicht nur Vegetarier schätzen die ganzen gefüllten Auberginen vom Grill.
Platía, tgl. ab 10 Uhr, Hauptgerichte ab 8 €

Pefkochóri 🕮 E 7

Das ›Kieferndorf‹ zeigt zwei Gesichter. Die größere Hälfte ist ein quirliger Touristenort mit Uferpromenade und langem Sandstrand. Die kleinere Hälfte wirkt noch wie ein typisches griechisches Dorf. Wer beides zugleich sucht, ist hier am richtigen Ort.

Alt und neu
Auf der Landseite der Kassándra-Rundstraße liegt das ursprüngliche **Dorf** mit gleich zwei schönen Plätzen. Da stehen auch das kleine, alte **Rathaus** und die meist nur spätnachmittags geöffnete **Kirche Ágios Athanásios** aus der Zeit um 1850. Meerseitig der Rundstraße erstreckt sich die **touristische Siedlung** bis zum **Strand.** Feriengäste wohnen hier in kleinen Hotels und Apartmenthäusern, einige größere Hotels liegen außerhalb am Berghang. Weil Sithonía und Kassándra sich hier einander nähern und das Kap Glarókavos das Sichtfeld nach Süden begrenzt, ist die offene Ägäis nicht zu sehen; es fühlt sich fast an wie am Bodensee.

Hinaus ins Grüne –
Wanderung zum Mavrobára-See

Im Sommer 2006 zerstörten Brände auf der Kassándra-Halbinsel fast 4000 ha Wald- und Buschland. Spuren der Katastrophe sind abseits der Küstenorte noch überall sichtbar – auch bei einer Wanderung zum winzigen Mavrobára-See. Doch die Narben verblassen.

Der Gedanke, dass viele Waldbrände in Griechenland immer noch absichtlich gelegt werden, um Bauland zu gewinnen, stimmt zornig. Zwar muss per Gesetz nach einem Waldbrand sofort wieder aufgeforstet werden, doch das passiert fast nie – und nach einigen Jahren ist der ehemalige Wald vergessen, die Baugenehmigung wird erteilt. Auf der Kassándra besteht die Hoffnung, dass die Waldbrandflächen unbebaut bleiben. Für Neupflanzungen fehlen zwar auch hier Wille und Geld, aber die Natur heilt deutlich sichtbar von allein.

Drei Schildkröten weisen den Weg

Schon kurz nach dem Start werden die Spuren der Waldbrände sichtbar. Früher säumten Wäldchen aus Aleppo-Kiefern den Weg. Fast alle Kiefern wurden bei der Brandkatastrophe vernichtet. Stellenweise liegen die abgesägten Baumstämme verkohlt an den Hängen, überwiegend sind nur noch die Baumstümpfe verblieben. Doch so trostlos, wie es auf den ersten Blick scheinen mag, ist die Lage nicht. Vor allem im Frühjahr sprießt und blüht es überall. Da auf der Kassándra kaum Schafe und Ziegen gehalten werden, können sich Wildpflanzen ungehindert ausbreiten und wachsen. Sträucher tragen wieder Beeren, wilde Birnen- und Feigenbäume wieder Früchte.

Auf der rechten Wegseite passieren Sie bald die kleine weiße **Kapelle Ágios Ioánnis** **1**. Lassen Sie sich von mehreren kleineren und auch größeren Verzweigungen nicht irreführen, gehen Sie weiter geradeaus. Nach mehreren Kurven stoßen Sie links auf die **Kapelle Agia Triáda** **2** mit einem

Die Aleppo-Kiefern wurden zur Gewinnung von Baumharz genutzt. Landwirte ritzten die Stämme wie Kautschuk-Bäume an und befestigten durchsichtige Plastikbeutel unter den Schnittwunden. Da hinein floss zäh das Harz, das vor allem an gute Weinkellereien verkauft wurde. Diese setzen es Weißwein zu, aus dem so der typisch griechische Retsína wird.

kleinen Brunnen. Nach der Kapelle biegen Sie an der zweiten nach links führenden Abzweigung ab.

Ein kleines Naturparadies

Der Weg endet in einer Art Kreisverkehr, den Sie links verlassen, um sogleich zum **Mavrobára-See** **3** zu gelangen. Hoffentlich haben Sie etwas Brot dabei! Die im See lebenden Eurasischen Bachschildkröten sind es nämlich gewöhnt, gefüttert zu werden, und schwimmen zur Begrüßung meist direkt auf die Besucher zu.

Immer den Hinweisen nach! Dann finden Sie die Kröten ganz bestimmt …

Der 2200 m² große See, dessen Name ›Schwarze Schranke‹ bedeutet, steht seit 1998 unter (etwas) Naturschutz. Libellen schwirren übers Wasser, Frösche quaken am Ufer. Die Schildkröten lieben Kaulquappen, fressen Krebse, Schnecken, Würmer und Aas, weiden die Unterwasservegetation ab und schnappen nach ins Wasser gefallenen Insekten. Ihre Eier legen sie an Land in der Nähe des Sees ab. Deswegen sollen Besucher bitte nicht von den ausgetretenen Pfaden abweichen. Vom See geht es auf direktem Weg zurück zur Küste und nach Políchrono.

INFOS

Weg: Länge ca. 6 km, Höhenunterschied ca. 320 m
Start: an der Kassándra-Rundstraße in Políchrono, ca. 50 m nördlich des hölzernen Infokiosks landeinwärts in die ungepflasterte Straße abbiegen
Markierung: braunes Schild mit drei Schildkröten und der Aufschrift ›Mavrobara‹ auf Griechisch und auf Englisch
Achtung: Keine Brunnen oder Erfrischungsmöglichkeiten am Weg, keine Bademöglichkeit im See! Wasser und etwas Brot einpacken

Griechenlands – (Políchrono, an der Platía, tgl. ab 12 Uhr, Hauptgerichte 5,50–8,50 €, Retsína 6 €/l) bietet eine große Auswahl an griechischen Gerichten und Spezialitäten Zyperns.

KULINARISCHES DANACH

Die Taverne mit dem schönen Namen **Gévsis ápo Ellád** **1** – Der Geschmack

Faltplan: E 7

Am äußersten Zipfel der Kassándra erstreckt sich der von viel Grün gesäumte Sandstreifen des Palioúri Beach. Hier können Sie ganz entspannt die Sonne aus dem Meer steigen sehen.

🏠 Ein guter Kompromiss
Atrium
Sie mögen keine Bettenburgen, suchen aber trotzdem ein über Reiseveranstalter buchbares, preisgünstiges Hotel mit Halbpension und Pool? Dann schauen Sie sich das Atrium an. Es steht 800 m vom Strand entfernt am obersten Ortsrand. Die Platía des alten Dorfes ist nur 400 m entfernt. Vom großen Pool aus blicken Sie über Pefkochóri aufs Meer, zu dem mehrmals täglich auch ein kostenloser Shuttle-Bus fährt. Aber auch Fahrräder können im Hotel ausgeliehen werden.
Odós Agíou Dimitríou, T 23 74 06 20 00, www.booking.com und www.alltours.de, DZ im Mai ab 42 €, im Sept. ab 55 €

🍴 Urig
Hercoúles
Etwas bizarr kommt einem die liebenswert kitschig eingerichtete Taverne schon vor. Deckenventilatoren und viel Grün sorgen auch an heißen Tagen für ein wenig Frische, die die Gäste besonders dann brauchen, wenn sie eine der hier stets hausgemachten (!) Suppen bestellen.

Odós Sokratoús, gegenüber vom Hotel Diána, tgl. ab 11 Uhr, Hauptgerichte ab 7 €

☀ Ist es noch zu früh?
Sushi und Nono
Die beiden Hot Spots des Nachtlebens kommen erst nach Mitternacht in Schwung. Zuerst geht das Partyvolk ins **Sushi** an der Uferpromenade, denn das macht montags bis freitags schon um 4 Uhr und samstags/sonntags um 6 Uhr dicht, während das **Nono** an der Kassándra-Rundstraße täglich mindestens bis 6 Uhr, an Wochenenden sogar bis in den nächsten Tag hinein für Musik sorgt. Beide Locations bieten gelegentlich auch Live Acts – dann ist Reservierung angesagt.
Reservierungen für beide T 69 79 22 26 67; Sushi, Cocktails ab 8 €; Nono, Cocktails ab 9 €

....

IN DER UMGEBUNG

....

Idylle mit Makeln
Nur eine schmale Öffnung verbindet den **Límni Glarokávos** (📖 F 7; Möwen-

kap-See) mit dem offenen Meer. Die beiden Nehrungen, die die Lagune vom Toroneischen Golf abschirmen, säumt ein schmaler Strand, die südliche Nehrung ist von Pinien bestanden. Die landschaftlichen Voraussetzungen für ein traumhaftes Baderevier sind gegeben – doch leider spielt der Mensch nicht mit. Unter den Pinien auf der südlichen Nehrung hat wildes Campen Tradition. Da türmt sich spätestens Ende August der Müll unter den Bäumen und am Strand. Idylle – Fehlanzeige! Die nördliche Nehrung ist sauberer – vor allem im Bereich der guten **Glarokávos Beach Bar,** die zumindest ihr Areal müllfrei hält.

Chroússo Beach

📖 F 7

Bevor die Kassándra-Rundstraße hinüber zur Südküste schwenkt, wartet auf den Reisenden ein wirklicher Traumstrand. Weiß und zur Mondsichel gebogen schmiegt sich der Chroússo Beach in eine ruhige Bucht. Hier mögen Sie bestimmt baden!

Nur wenig frequentiert
Im **Norden** der Bucht entstand schon 1961 das erste Strandhotel der Chalkidikí überhaupt. Damals erbaute der Staat an den schönsten Plätzen

Griechenlands seine Xenía-Hotels zur ersten zarten Ankurbelung des Fremdenverkehrs. Heute sind sie wie dieses hier fast alle nur noch Ruinen. In der Nähe hat sich ein guter Beach Club samt Wassersportstation angesiedelt. Sehr viel ruhiger geht es auf der **Südseite** der Bucht zu, wo an der kleinen **Mole** auch Áthos-Kreuzfahrten starten. Eine Beach Bar sorgt fürs leibliche Wohl und vermietet Sonnenschirme und Strandliegen. Ansonsten ist das lange Strandband noch völlig unerschlossen.

🛏 Nahe am Traumstrand
Chroússo Village
Nur 400 m vom Strand entfernt steht die Hotelanlage mit ihrem schönen Garten und zwei Pools abseits allen Trubels. Die 80 Apartments und Studios mit Balkon sind zwischen 36 und 45 m² groß, der Linienbus Richtung Thessaloníki hält fast direkt vor der Tür.

An der Straße zum Chroússo Beach, südlicher Teil, T 23 74 09 23 32, www.chrousso.gr, nur all inclusive buchbar, DZ Mai ab 93 €, im Juli ab 163 €

🛏 Sehr schön anders
Pórto Valítsa
Mariánna und Sotíris Lagoudákis aus Thessaloníki haben für sich und ihre maximal 20 Gäste weitab allen touristischen Trubels eine wahre Oase geschaffen. Zu ihrer kleinen Anlage mit nur acht, mindestens 50 m² großen Zimmern gehört auch ein privates Freilufttheater direkt am

---

BADEN KANN MAN AUCH ANDERS

Beim **Thermalbad Loutrá** (📖 E 7) erreicht die Rundstraße die Südküste der Kassándra. Das Bad wird von einer Quelle gespeist, deren Wasser vor allem bei Schuppenflechte, arthritischen und rheumatischen Leiden wirksam sein soll. In Griechenland entspringen über 600 **Thermalquellen.** Etwa 100 davon werden für Badekuren genutzt. Das 2007 eröffnete Kurzentrum hier auf der Kassándra gehört trotz seiner schlichten Funktionalität zu den besten des Landes. Der Zugang ist unkompliziert. Sie lösen ein Ticket, kaufen sich eine Einmal-Badehaube und schon geht's los. Sie schwimmen drinnen und draußen im angenehm warmen, schwefelhaltigen Wasser, können sich auch ein Wannenbad oder eine Hydro-Massage gönnen (Mai–Okt. tgl. 9–22, Nov.–April tgl. 7–16 Uhr, T 23 74 07 18 80, Thermalschwimmbecken 5 € je 20 Min., Wannenbad oder Sauna 6 € je 20 Min., Hydro-Massage 12 € je 60 Min.).

Meer mit 280 Sitzplätzen. Jährlich organisieren sie Konzerte, laden zeitgenössische Künstler aus aller Welt zu Ausstellungen ein. Sie suchen den persönlichen Kontakt zu ihren Gästen – und träumen davon, dass ihre Urlauber ›ohne Regeln leben‹, noch nicht einmal an ihren eigenen‹ (Zitat Sotíris). Zur Oase gehören ein sehr gutes, auch öffentliches Restaurant und ein winziger Strand; zum Chroússo Beach sind es etwa 15 Minuten Fußweg.

Am Chroússo Village vorbei, dann kurz vor dem Strand letzte Straße rechts ab, T 23 74 09 20 07, www.portovalitsa.gr, DZ je nach Größe und Auslastung 75–300 €

🍴 Stilvoll dinieren
Thálassa Gevséon
Die feine griechische Küche vom jungen Chefkoch Dímitris Petkós wird an weiß gedeckten Tischen direkt am Meer serviert. Getreu dem Restaurantnamen steht der ›Geschmack des Meeres‹ im Vordergrund. Erlesene griechische Weine runden das Mahl ab.

Im Hotel Porto Valítsa, T 23 74 09 20 07, tgl. ab 14 Uhr, besser vorher anrufen und reservieren, Bauernsalat 11 €, Hauptgerichte 14–27 €

🍴 Sushi am Strand
Cabana
Für leckere Häppchen zum frisch gepressten Saft brauchen Sie sich hier gar nicht aus dem Liegestuhl heraus zu bemühen. Sushi, Salate, Burger und andere Snacks werden Ihnen auf Wunsch direkt unterm Sonnenschirm serviert. Alternativ nehmen Sie in den Loungemöbeln dieser schick durchgestylten Beach Bar Platz.

Am nördlichen Strandende (Xenía Beach), T 69 55 69 81 51, Snacks 5–12 €

⚓ Abtauchen
Triton Scuba Club
Erfahrene Taucher können einzelne Tauchgänge (45 €) buchen, Anfänger müssen für einen Einführungskurs mindestens zwei Tage einplanen. Wer schnorcheln will, kann ebenfalls im Boot mit hinausfahren.

Im Hotel Chroússo Village, T 23 74 09 20 88, www.tritonschuba.gr

Vor dem Kirchlein Panagía Faneroméni finden Sie einen idyllischen Platz unter Bäumen für ein Picknick am Wasser.

Panagía Faneroméni 🗺 E 7

Das vielleicht fotogenste Motiv der ganzen Kassándra-Rundfahrt ist wohl die kleine Wallfahrtskirche direkt am Meer zwischen Loutrá und Néa Skióni. Meist drängen sich auch Kätzchen mit aufs Bild. Das Marienkirchlein ist aber nicht nur fotogen, die hl. Jungfrau mischt sich bisweilen auch ins Zeitgeschehen ein.

Maria weint
Im **Kirchlein** (tagsüber durchgehend geöffnet) wird eine marmorne **Marienikone** verehrt, die wundersamerweise aus der Ferne übers Meer hierhin geschwommen sein soll. Tatsache ist, dass das Bildnis vor unbekannter Zeit auf den Marmorsockel einer antiken Statue gemalt wurde, denn im Sockel sind die Vertiefungen für die Füße der Statue noch klar zu erkennen. Die Gläubigen

interpretieren diese Spuren jedoch auf ihre Art: Als ein Türke, der nicht an die überirdische Kraft der Ikone glauben wollte und sie mit Füßen trat, hinterließen seine Füße eben diese Abdrücke im harten Stein, als sei er weich wie Lehm. An der Außenwand der Kirche berichtet eine Tafel auch in Deutsch von weiteren wundersamen Ereignissen: Vor allem weint die Ikone jedes Mal, wenn Griechenland Böses widerfährt. So traten Tränen aus Marias Augen, als die Türkei 1974 auf Zypern einmarschierte und ein Drittel der Insel besetzte, und als 1993 im ehemals jugoslawischen Skopje Besitzansprüche auf Thessaloníki erhoben wurden.

Néa Skióni und Possídi 🗺 D 7

Während in Néa Skióni mit seinem modernen Boots- und Fischereihafen der Tourismus Nebensache bleibt, dreht sich in Possídi alles um Urlaub. Es rühmt sich, eine der besten Fischtavernen der Chalkidikí zu besitzen. Am späten Nachmittag sitzen Sie dort besonders schön.

Halb Mensch, halb Pferd bevölkerten die **Kentauren** einst die **Pílion-Halbinsel**, die gegenüber von Kassándra am Festland aus dem Meer steigt. Vielleicht sehen Sie auch eine Wolke am Himmel? Das könnte die Ahnin der Kentauren sein. Als König Ixion aus Thessalien einst trunken der Göttin Hera nachstellte, verlieh sie einer Wolke ihre Gestalt. Der Monarch ließ sich täuschen, versenkte sein Glied in der Wolke – und heraus fiel Kentávros, der sich später mit den Stuten des Pílion vermehrte.

Unbeschwerte Strandtage

Die kleine, nach dem Meeresgott Poseidon benannte Strandsiedlung **Possídi** (50 Einw.) besteht fast nur aus Tavernen, kleinen Hotels und ein paar Sommerhäuschen. Hier beginnt ein kilometerlanger, völlig schattenloser Strand, der an Kiefernwäldchen und einem 1864 erbauten Leuchtturm vorbeiführt bis zur Gemarkung **Aigiopelagítiko**

HIER WÄHLEN SIE IHREN FISCH SELBST AUS

Wirt Jánnis hat Musik aus seiner **Taverne To Stéki tou Vassilá** in **Possídi** verbannt. Er möchte, dass seine Gäste dem Plätschern des Meeres lauschen, das die Terrasse umspült. Auch sonst hat Jánnis seine Eigenarten. Seine Gäste sollen nicht nach der Karte bestellen (die es durchaus gibt), sondern sich ihre Meeresfrüchte und ihren Fisch sozusagen Auge in Auge am Kühltresen oder direkt in den vielen Kühlschränken auswählen. Gern dürfen sie auch die Haltbarkeitsetiketten auf den in Tüten tiefgekühlt angelieferten Muscheln studieren. Jánnis weiß, dass er nur beste Qualität serviert. Besonders stolz ist er auf einen Kabeljau, den er einst servierte: Der hatte noch eine gerade gefangene Sardelle im Maul, als er ins Netz ging. Da hier kein Fisch aus Zuchtbetrieben auf die Teller kommt, variieren die Preise je nach Saison, Angebot und Nachfrage und richten sich immer nach dem Gewicht. Sogar an der Fangmethode orientiert sich der Wirt: Angelfische sind etwas teurer als mit dem Netz aus dem Wasser gezogene (am südlichen Ortsrand direkt am Meer, tgl. 14–24 Uhr, typisches Fischessen ohne Getränke ca. 20–25 €).

mit einigen größeren Hotelanlagen und
einigen Wassersportstationen.

⌂ Badeurlaub pur
Possídi Holidays
Wer hier wohnt, hat meist pauschal gebucht und doch das Besondere gewählt.
Die 130 Zimmer der Anlage verteilen sich
auf sieben zweigeschossige Nebengebäu-
de und das unaufdringliche Haupthaus.
Zwischen den jeweiligen Komplexen
liegen Rasenflächen, am Rand der Anlage
beginnt ein Kiefernwäldchen. Vom über
3 km langen Sandstrand nehmen die
kostenfreien Liegen und Schirme am
Strand nur zehn Prozent ein, auch der
Pool grenzt fast direkt an den Beach. All
inclusive gibt es nicht, die Gäste haben
Halbpension und frequentieren auch die
Tavernen im 3 km entfernten Possídi. Die
stets persönlich anwesenden Besitzer
sprechen gut Deutsch, bemühen sich
trotz der Größe des Hotels um eine sehr
persönliche Atmosphäre.
Possídi, T 23 74 04 21 03, www.possidi-holidays.
gr/de/, DZ HP im Mai ab 104 €, im Juli ab 136 €

Foúrka 🗺 D 7

**Wie andere Orte der Kassándra ist
auch Foúrka zweigeteilt. Direkt am
Meer liegt die wenig attraktive
Feriensiedlung Skála (oder Paralía)
Fourkás mit langem Sandstrand,
Kirchensammler fahren 3 km land-
einwärts zum alten Dorf.**

Drei Binnendörfer
Ein kurzer Abstecher von der Küste führt
ins alte **Foúrka**. Seine außerhalb, am
Südufer eines im Sommer trockenen
Flussbetts gelegene **Friedhofskapelle**
(frei zugänglich) besitzt noch Spuren
von Fresken aus dem 16. Jh. Vor der
Kapelle zeugen einige wenige Spolien
von einer frühchristlichen Basilika an
gleicher Stelle.
Hinter Foúrka gabelt sich die Straße.
Rechts geht es hinauf zum kleinen Dorf
Kassandrinó (🗺 D 7) mit ein paar
alten Häusern und drei Tavernen, links
nach **Kassándria** (🗺 D 6/7), dem mit

Griechenlands Schulsystem ist
dreigliedrig. Auf die sechsjährige
Grundschule *dimotikó* folgt das
dreijährige *gymnásio*, darauf das
ebenfalls dreijährige *lykeio*. Unser
Wort Lyzeum ist davon abgeleitet,
– aber das *lykeio* steht auch Jungs
offen. Davon können Sie sich in
Kassandría überzeugen, dessen
Schule als einzige auf der gesamten
Halbinsel über eine gymnasiale
Oberstufe vefügt.

2300 Einwohnern größten der wenigen
Binnenorte der Kassándra. Dienstags
findet hier der einzige große Wochenmarkt der Region statt. Dann wird
die Hauptgasse auf 500 m Länge von
Ständen aller Art gesäumt.

Síviri 🗺 D 7

**Síviri diente einst als Bootslande-
platz des Binnendorfs Kassandría.
Jetzt zeigt es das Gesicht eines
jungen Allerwelts-Badeorts mit
Apartmenthäusern und Sommer-
villen zu beiden Seiten eines
Trockenbachtals. Namhaft ist es
allein wegen seines alljährlichen
Kulturfestivals.**

❶ Termine
Kassándra Festival: An etwa 15
Abenden im Juli und August stehen im
Freilufttheater bei Síviri antikes und
modernes Theater, Ballett und Konzerte
auf dem Programm. Das Programm ist
ab etwa Juni auf www.kassandra
festival.gr ausschließlich auf Griechisch
zu finden, der Vorverkauf läuft über den
Supermarkt Papanikoláou in Síviri gleich
am oberen Beginn der Fußgängerzone.
Kein Wunder, dass da Theaterkarten fast
immer auch an der Abendkasse (T 23 74
02 39 97) noch erhältlich sind.

Sáni 🗺 D 6

Mit der Eröffnung des Resorts Anfang der 1960er-Jahre tauchte die Chalkidikí erstmals auf der touristischen Weltkarte auf. Doch zunächst mussten 4 km² Sümpfe trockengelegt, Brunnen gebohrt und Straßen gebaut werden. Das perfekt geplante Urlaubsparadies mit großer, moderner Marina und mehreren Gourmet-Restaurants ist für die Menschen der Region der bedeutendste Arbeitgeber.

Archäologische Sprengsel

Auf dem Gelände des **Sáni Beach Hotels** steht ein noch in 8 m Höhe erhaltener **Turm** aus Bruchsteinmauerwerk. Er stammt aus dem 15. Jh. und gehörte ursprünglich zu den Ländereien eines der Áthos-Klöster.

Ca. 4,5 km nördlich des Sáni Beach Hotels können Sie in frei zugänglichen **Ausgrabungen** auf Entdeckung gehen. Archäologen der Universität Thessaloníki legen seit 1996 mit finanzieller Unterstützung des Resorts Überreste einer Art Gutshof aus dem 5./6. Jh. frei. Das Gebäude, in dem wahrscheinlich die Arbeiter einer nahen Saline wohnten, war zweigeschossig und besaß einen Innenhof. Rundum wurden zudem spätantik-frühchristliche Gräber, Münzen, Schmuck und

Gute Sicht haben Sie an der Küste der Chalkidikí auch unter Wasser.

Öllämpchen gefunden. Auf der Fahrt zur Ausgrabungsstätte (nicht ausgeschildert) können Sie auch **Natur** erleben. Es geht über Feldwege streckenweise am Ufer eines kilometerlangen **Sees** vorbei, der Nist- und Durchzugsgebiet vieler Vogelarten ist. Unterwegs laden einsame **Strände** zum Baden ein.

🏠 Luxus in jeder Form
Sáni Resort

Zum Resort gehören insgesamt fünf Hotels der Luxusklasse. Sie müssen sich entscheiden: Genügt Ihnen das kleinste Zimmer, gerade einmal 25 m² groß, oder nehmen Sie doch lieber die größte Suite mit 180 m²? Sehr genaue Beschreibungen und die höchst unterschiedlichen Preise finden Sie auf der exzellenten Homepage www.sani-resort.com.

🍴 Für jeden Tag eins
Im Resort stehen Ihnen über 20 Restaurants zur Auswahl. Auch ein Japaner ist dabei. Einen Überblick gibt www. sani-resort.com

🛍 Edel-Shopping
Steht Ihnen der Sinn nach teuren Dessous und Bikinis, edlen Uhren oder

wertvollem Schmuck? Die Luxus-Boutiquen an der Marina sind täglich bis 23 Uhr geöffnet und akzeptieren natürlich auch Kreditkarten.

IN DER UMGEBUNG

Vollzug in frischer Luft
Nördlich der Straße zwischen dem Sáni Resort und Néa Fokéa liegt eines der drei ›Landwirtschaftlichen Gefängnisse‹ Griechenlands. Da sitzen Drogenabhängige ihre Strafen ab, werden therapiert und arbeiten tagsüber auf den Feldern.

Néa Ólynthos 🗺 D 5

Willkommen in der realen Welt! In Néa Ólynthos bleiben die Bauern unter sich. Wer Traktoren und Pick-ups liebt, setzt sich an die Hauptstraße und sieht reichlich davon. Dass am Dorfrand eine der beiden bedeutendsten archäologischen Stätten der gesamten Region auf Entdeckung wartet, ist hier nicht zu ahnen.

Typisches Landleben
Die Umgebung von Néa Ólynthos ist sehr fruchtbar. Außer Getreide werden Mandeln, Pistazien und Oliven angebaut. Es gibt ein paar Tavernen und einfache Cafés, ein kleines Hotel, eine Tankstelle und Lebensmittelläden – von Souvenirgeschäften keine Spur. Aber gesellschaftliche Veränderungen sind durchaus hörbar: Als Landarbeiter verdingen sich hier wie überall in Griechenland seit 25 Jahren überwiegend Albaner, Rumänen, Bulgaren und Moldawier. Manchmal trifft man sogar auf afghanische oder pakistanische Ziegenhirten.

Spurensuche in den Feldern
Die Reste des **antiken Ólynthos** (▸ S. 38) lohnen für jeden halbwegs an Geschichte und Demokratie Interessierten den Besuch.
Ein paar romantisch gelegene Schmankerl liegen außerdem verstreut in den Feldern.

Aus dem Dorf hinaus landeinwärts Richtung Símantra halten Sie sich nach 1250 m an der Gabelung rechts. Durch Oliven- und Obsthaine geht es auf einen 15 m hohen **Turm** zu, der auf einem niedrigen Hügel aufragt. Er wurde 1375 aus Marmorblöcken errichtet, die aus der Ruine der 300 m weiter rechts liegenden **Nikólaos-Basilika** stammen. Von ihr stehen aus diesem Grund nur noch die knapp 5 m hohen Mauern der Apsis, die wie ein hohler Zahn wirkt. In sie hinein haben Bauern eine neue, mit Wellblech gedeckte Kapelle gebaut: Hauptsache, die Heiligen haben ein Dach über dem Kopf!

🏨 Mal ein Landei sein
Hotel Ólynthos
Möchten Sie sich mal wie ein chalkidischer Landwirt fühlen, quartieren Sie sich für eine Nacht im überraschend modernen Hotel Ólynthos ein. Die Zimmer sind sehr geräumig und wenig abgenutzt, bieten Balkon und Kühlschrank. Die schlichte Taverne im Erdgeschoss ist abends ein Treff der Dorfbevölkerung.
An der Dorfstraße direkt an der Abzweigung zu den Ausgrabungen, T 23 73 09 16 66, www.olynthoshotel.gr, DZ 50–70 €

IN DER UMGEBUNG

Zum Wocheneinkauf
Etwa 6500 Einwohner verleihen **Néa Moudaniá** (🗺 C 5) das Flair einer richtigen Kleinstadt. Attraktionen gibt es keine, aber das Städtchen ist ein gutes Ziel für einen Bummeltag bei Schlechtwetter oder Sonnenbrand. Auch die Bewohner der Kassándra erledigen hier ihre Einkäufe. Zum Essen kehren Sie am besten in einer der Fischtavernen am weitläufigen Hafen ein. Die Lieblingsadresse der Einheimischen, das **Kapileió** (Odós Georgíou 19, tgl. ab 12 Uhr, Moussaká 9 €, Wein 10 €/l), erfreut durch flinken und guten Service, üppige Portionen und guten Geschmack. Der Blick von der Terrasse auf Fischtrawler, Segler und Frachtschiffe ist vor allem an klaren Tagen im Winter und Frühjahr

ALLES FÜR HAUS UND HOF, LEIB UND SEELE

Ágios Mámas ist in den ersten drei Tagen im September einen Besuch wert. Dann findet dort der größte Jahrmarkt ganz Nordgriechenlands statt. Zum **Kirchweihfest** des hl. Mámas strömen die Menschen aus ganz Nordgriechenland herbei – früher mit Eseln und Maultieren, heute mit Pkw und Pick-ups. Der Heilige beschützt die Hirten, Herden und Weiden, das bringt ihm viel Zulauf vom Land. Städter kommen, um anderswo längst geschwundene Urigkeit und traditionelles Volksleben wiederzufinden. Marktbeschicker bieten landwirtschaftliche Geräte und Maschinen an, Haushaltsgeräte, Musik und Spielzeug, Textilien und allerlei Tand. Ambulante Händler verkaufen aus ihren Bauchläden heraus Erfrischungsgetränke und typisch griechische Snacks. Schon am späten Vormittag füllen sich die Bänke der improvisierten Markttavernen, ziehen Rauchschwaden von offenen Holzkohlegrills durch die Luft. Der Kulturverein von Ágios Mámas trägt mit Vorträgen, Konzerten und Folkloretänzen zur guten Stimmung bei, während der Dorfpriester dafür sorgt, dass auch der Heilige seine Freude hat.

---

schön, wenn im Hintergrund der schneebedeckte Olymp aufragt. Néa Moudanía ist auch ein wichtiger **Verkehrsknotenpunkt** der Chalkidikí. Hier endet die Autobahn von Thessaloníki. Linienbusse fahren zu allen Orten auf der Kassándra und tagsüber ca. stündlich in die Metropole. Am Busbahnhof können Sie zudem in Busse zu den anderen Fingern der Chalkidikí und ins Hinterland umsteigen.

Kleine Abkühlung
In das kleine, erst 1923 durch kleinasiatische Flüchtlinge gegründete **Petrálona** (🛏 C 4; 360 Einw.) im Binnenland wären wohl nie ausländische Touristen gekommen, hätten dort nicht griechische Paläontologen in den 1960er-Jahren in einer **Tropfsteinhöhle** die ältesten menschlichen Siedlungsspuren des griechischen Festlands gefunden. Die elektrifizierte, durch Zementwege erschlossene und ganzjährig 17–18 °C kühle Höhle (Juni–Okt. Di–So 9–19, Nov.–Mai Di–So 9–15 Uhr, Eintritt 9 €, nicht per Linienbus erreichbar) kann nur in Begleitung eines Führers besichtigt werden. Der Rundgang dauert etwa 30 Minuten. Außer vielfältigen Tropfsteininformationen sind einige Gipsfiguren-Arrangements zu bestaunen, die das Höhlenleben des *Homo heidelbergensis* veranschaulichen sollen. Im benachbarten **Museum** werden Funde aus der Höhle wie Schädel, Knochen und Zähne sowie paläontologische Objekte aus anderen Regionen im Rahmen englischsprachiger Führungen erläutert.

Schön demokratisch –
antikes Ólynthos

Chancengleichheit lautete das Zauberwort bei der Stadtgründung vor 2450 Jahren. Wie die urdemokratische Idee von den Stadtplanern umgesetzt wurde, können Sie noch heute beim Rundgang durch die Ausgrabungen des antiken Ólynthos erkennen. Ob's je wieder so wird?

Fruchtbare Felder, Oliven- und Pistazienhaine umgeben das niedrige Felsplateau, auf dem die 32 Städte des Chalkidischen Bundes 432 v. Chr. gemeinsam eine neue Stadt gründeten. Die lag aus Sicherheitsgründen etwas abseits des Meeres. Angst hatten seine ersten Bewohner vor allem vor ihren Landsleuten aus dem demokratischen Athen, das seinen Machtbereich ausdehnen wollte. Schließlich aber war es der makedonische König Philipp II., Vater Alexander des Großen, der der Kleinstaaterei ein Ende setzte, den Chalkidischen Bund zerschlug und dessen Hauptstadt Ólynthos 348 v. Chr. zerstörte.

Antike Reihenhaussiedlung

Um Streitigkeiten untereinander zu vermeiden, gingen die Chalkidiker bei der Stadtplanung sehr demokratisch vor. Sie orientierten sich am Vorbild des Städteplaners Hippodamos von Milet. Man entwarf ein Raster aus fünf von Nord nach Süd verlaufenden, jeweils 5–7 m breiten Hauptgassen, die im rechten Winkel von etwa 20 schmaleren Gassen geschnitten wurden. Die eingegrenzten Parzellen, *insulae* genannt, wurden in bis zu zehn jeweils gleich große Grundstücke unterteilt.

Durch Losentscheid erhielt jeder Neusiedler eines davon zum Hausbau. Die Raumaufteilung konnte jede Familie leicht variieren; insgesamt entstand so etwas Ähnliches wie eine Reihenhaussiedlung. Einige wenige Flächen blieben für öffentliche und religiöse Gebäude reserviert. Eine Lehmziegelmauer auf Steinfundamenten umgab die gesamte Siedlung. Frisches Wasser wurde der Stadt in je ca. 1 m langen Tonröhren über eine 8 km lange Druckwasserleitung zugeführt.

Die meisten der freigelegten Mosaiken sind heute unter schützendem Sand verborgen. Nur drei liegen derzeit zur Betrachtung offen da. Zwei weisen ausschließlich geometrische Motive auf. Ein drittes zeigt zwei Greifen, die einen Hirsch schlagen, sowie eine Jagdszene mit einem Reiter, der ein Tier erlegt.

Wohnkultur der alten Chalkidiker

Rechts oberhalb des Wegs vom Kassenhäuschen zur Hauptausgrabung liegen Reste von Zisternen sowie große Steinblöcke auf einem Hügel fast schon wildromantisch zwischen Gräsern und Blumen. Sie stammen von Gebäuden, die einst den Marktplatz der **archaischen Stadt** 1 umstanden. Sie war schon im 7. Jh. v. Chr. gegründet und 479 v. Chr. in den Perserkriegen zerstört worden.

Beim Rundgang durch die antike **Neustadt** 2 aus dem Jahr 432 v. Chr. erkennt man zuerst die Umrisse der einzelnen Häuser. Sie hatten eine Grundfläche von jeweils etwa 50 m². Vom Hauseingang führte in der Regel ein kurzer Flur auf einen nicht überdachten Innenhof. An ihm lagen hinter einem Säulenumgang das Wohn- und das Speisezimmer, die Küche, das Bad (zum Teil mit Badewanne) und kleine Werkräume. Eine Holztreppe führte ins Obergeschoss mit den Privatgemächern. Die Wände bestanden aus Lehmziegeln auf einem steinernen Fundament. Tonziegel deckten die schräge, hölzerne Dachkonstruktion. Die Böden vieler Häuser waren mit Mosaiken ausgelegt. Archäologische Laien werden die farbigen Rekonstruktionszeichnungen schätzen, die das einstige Aussehen der Häuser veranschaulichen.

ÜBRIGENS

Die Freilegung von Ólynthos ist das Lebenswerk des 1880 in New York geborenen Archäologen David Moore Robinson. Von 1928 bis 1938 setzte er hier den Spaten an. Fast unglaublich: Bis 1952 veröffentlichte er Grabungsberichte in insgesamt 14 Bänden! Historische Aufnahmen der Grabungen sowie einige Originalfundstücke werden in einer kleinen **Ausstellung** 3 präsentiert.

INFOS/ÖFFNUNGSZEITEN

Öffnungszeiten: Juni–Sept. tgl. 8–15, Okt.–Mai Di–So 8–15 Uhr, Eintritt 3 €
Rundgang: mind. 90–120 Min., Plan an der Kasse kostenlos erhältlich
Achtung: Sonnenhut und Wasser mitnehmen! Das Gelände bietet fast gar keinen natürlichen Schatten.
Anfahrt: Linienbusse 3–4 x tgl. zwischen Néa Moudaniá und dem 1,5 km entfernten Dorf Néa Ólynthos

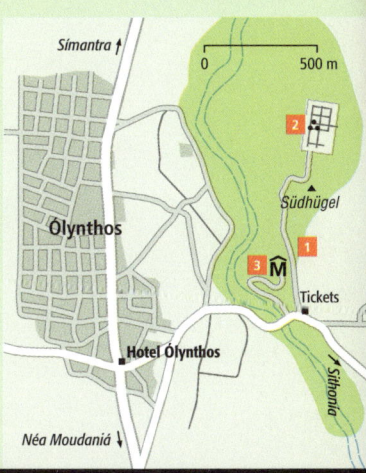

KLEINE RAST

Vor dem **Ausstellungshaus** 3 wächst eine Platane besonders eigenwillig, in deren Schatten Sie gut ein **Picknick** machen können. Ein WC ist auch vorhanden.

Faltplan: D 5

Sithonía und das Binnenland

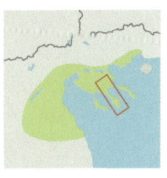

Die Sithoniá ist die wildere Schwester der Kassándra. Die Berge sind hier fast doppelt so hoch und gehören fast ausschließlich den Ziegen und ihren Hirten. Am kassandrischen Golf überwiegen noch lange Sandstrände, auf der anderen Seite fällt die Küste oft steil ab und lässt außer bei Sárti nur Platz für kleinere Buchten. Die Orte halten viel Abstand zueinander, Großhotels fehlen fast völlig. Grundgefühl hier: Sie haben herrlich viel Platz und genießen die Freiheit!

Gerakiní und Psakoúdia D/E 5

Die Küstenorte zwischen den beiden Fingern Kassándra und Sithonía haben in letzter Zeit an Attraktivität gewonnen und laden ebenfalls zu Badefreuden ein. Rundreisende können jedoch getrost weiterfahren. Wer nicht nur am Strand aalen, sondern auch Ausflüge unternehmen will, wird die zentrale Lage schätzen.

Alltag und Urlaub
Gerakiní (400 Einw.) ist wie viele Orte auf der Chalkidikí zweigeteilt. Der Binnenort nördlich der Küstenstraße ist vor allem eine Bergarbeitersiedlung, denn am Ortsrand wird Magnesit abgebaut, das seit 2015 über den Hafen von Néa Moudaniá verschifft wird. Die Verladeanlage in der Küstensiedlung **Paralía Gerakinís** steht weiter still. Das freut die Badegäste am etwa 1 km langen Sandstrand, den im Zentrum eine autofreie Uferpromenade mit kleinen Hotels und Tavernen säumt. Das 6 km entfernte **Psakoúdia** ist ein Newcomer unter den Badeorten der Chalkidikí.

Nah am Wasser
Olympion Beach
Der etwas Deutsch sprechende Wirt Apóstolos Xiromerítis und seine Frau Stavroúla kümmern sich in ihrem kleinen

Im kalten Winter in Griechenlands Norden kann das weiße **Magnesit** für Wärme sorgen. Es wird nicht nur als Rohmaterial für bis zu 2800 °C feuerfeste Ziegelsteine zur Auskleidung von Hochöfen verwendet, sondern auch für die Herstellung von Nachtspeicherheizungen.

zweigeschossigen Privathotel höchst persönlich und sehr bemüht um ihre Gäste. All seine 36 Zimmer haben Balkon und Meerblick. Die Nutzung der Liegen und Sonnenschirme am Strand ist kostenlos.
Psakoúdia, an der Uferstraße, T 23 71 05 27 00, www.olympionbeach.gr, DZ im Mai ca. 40 €, im Juli ca. 50–60 €

Ohne Schnickschnack
Mourágio
Die Taverne ist wegen der *mezédes*, der kleinen Gerichte zu Oúzo oder Wein, auch bei den Einheimischen der Umgebung beliebt und daher ganzjährig geöffnet.
Psakoúdia, an der Hauptstraße, T 23 71 05 40 66, Hauptgerichte ab 7 €

Spezialprogramme
Holidays and more
Das sehr professionell geführte Reisebüro in Psakoúdia ist bei der Planung und Durchführung von Ausflügen behilflich. Zu seinen Spezialitäten gehören u. a. Angebote für stark Übergewichtige (bis zu 400 kg), Beratung für Motorradfahrer und der Vertrieb von Áthos-Briefmarken in Jahrgangs-Sammelalben. Ein Blick auf die Homepage lohnt sich für jeden Chalkidikí-Urlauber.
Psakoúdia, an der Uferstraße, T 23 71 05 11 02, www.holidays-and-more.de

---

IN DER UMGEBUNG

Verwaltungszentrum
Von Gerakiní aus gelangen Sie binnen 15 Minuten nach **Polígiros** (D 4, 5500 Einw.). Attraktionen für Touristen hat die Verwaltungshauptstadt der Chalkidikí seit Schließung des Archäologischen Museums zwar keine mehr zu bieten, aber eine Pause können Sie allemal einlegen. Entweder im schicken, stets gut besuchten **Café Tiverius** an der großen Platía oder im gepflegten, eher ruhigen Gartenlokal **Éxi Vrísses** im Stadtpark (Mi–So ab 10 Uhr, Hauptgerichte ab 5,50 €), das neben guter regionaler Küche auch Eis, Kuchen und Torten serviert.

Metamórfosi 🚩 E 5

Wie kommt ein Dorf an solch einen Namen? Fragen Sie den Dorfpopen, der sollte es wissen. Seine Kirche ist der Verklärung Jesu (griech. metamórphosis) auf dem Berg Tabor geweiht, und wie so oft in Griechenland tragen auch hier Kirche und Dorf den gleichen Namen.

Klar gegliedert
Erst 1923 wurde Metamórfosi von Vertriebenen aus Kleinasien gegründet. Sein gitterförmiges Straßennetz verrät es. Ein kleiner **Park** mit der **Café-Bar Thálassa** im Ortszentrum oberhalb des niedrigen Steilufers lädt Rundreisende zu einem Verschnaufspäuschen ein. Der 4 km lange **Sandstrand** erfreut Badeurlauber.

🛏 Für ein paar Strandtage
Blue Dolphin
Unter den klassischen Urlaubshotels der Chalkidikí zeichnet sich dieses Haus als besonders gut in die Umgebung eingepasst aus. Die 183 Zimmer sind auf mehrere nur zwei- oder dreigeschossige Gebäude verteilt, der Garten mit Pool ist groß und bestens gepflegt. Ein langer Sandstrand erstreckt sich direkt vor der etwa 1,5 km vom Ort entfernten Anlage. Da gibt es viele Wassersportmöglichkeiten, im Hotel zudem ein Spa, ein Fitness Center, Tennisplätze, Minigolf und eher sanfte Animation. Nur mit Halbpension buchbar, Mindestaufenthalt drei Nächte.
T 23 75 06 14 83, www.bluedolphinhotel.eu, DZ HP ab 100 €

🍴 Hier speisen die Einheimischen
Taverne Vasílis
An der Platía gegenüber dem Stadtpark serviert eine freundliche Wirtsfamilie vom Olymp eine große Auswahl an Salaten, *mezédes* und gekochten Gerichten, auch Fisch.
T 23 75 06 12 26, tgl. ab 12 Uhr, Hauptgerichte ab 6 €

IN DER UMGEBUNG

Besuch bei frommen Frauen
Knapp 4 km nördlich von Metamórfosi liegt das **Moní Ioánnou Prodrómou** (🚩 5 E, an der Küstenstraße Richtung Metangítsi abzweigen und sofort die Straße rechts nehmen, Di, Do, Sa 4–12, 15–20, So 4–8, 15–20 Uhr). Seine freundlichen Bewohnerinnen widmen sich neben dem Gebet vor allem der Pflege ihrer Olivenhaine. Die moderne, Johannes dem Täufer geweihte Kirche steht den ganzen Tag über offen. Sie wurde in den 1990er-Jahren im traditionellen Stil ausgemalt.
Bei Vatopédi westlich von Metamórfosi führt eine Straße zum **Moní Theotókou Ormylías** (🚩 5 E, April–Sept. Di, Do, Sa 10–16, So 10–19, Okt.–März Di, Do, Sa 10–14, So 10–16 Uhr), dem größten Kloster der weltlichen Chalkidikí. Über 120 Schwestern leben in dem weiträumig ummauerten Klosterbezirk. Von außen wirkt der moderne Konvent mit seinen Ziegeldächern, Natursteinfassaden und dezentem Verputz wie eine kleine Stadt. Für Besucher zugänglich ist nur eine Hälfte. Da werden Sie von Nonnen freundlich mit griechischem Kaffee, Wasser und einer Süßigkeit bewirtet und können im großen Klosterladen einkaufen, was die frommen Schwestern produzieren: Honig, Oliven, Olivenöl, eingelegte Früchte, handgemalte Ikonen, Holzschnitzereien und Nahrungsmittel aus ökologischem Anbau. Auch ein kleines Kirchlein ist da – in die Hauptkirche des Klosters werden Besucher aber ebenso wenig eingelassen wie in den Bereich der Zellentrakte. Vom Kloster aus bietet sich landeinwärts eine Rundfahrt ins bis auf 1163 m aufragende **Cholomóndas-Gebirge** (▶ S. 44) an, wobei der Rückweg über Metangítsi führt.

Nikíti 🚩 F 5

Auch die Verwaltungshauptstadt der Sithonía ist deutlich zweigeteilt: Unten am Meer liegt der mo-

5

Für Herz und Gaumen – **am Cholomóndas**

Haben Sie schon einmal Wildschweine mit Glocken um den Hals gesehen oder Schwiegermutterkoteletts gegessen? Am höchsten Bergzug der weltlichen Chalkidikí ist beides möglich. Ein einzigartiger Blick auf die drei Finger der Halbinsel und traditionelle makedonische Dorfarchitektur sind weitere Ingredienzien eines Tages abseits der Strände.

M
MITGIFT

Warum Schwiegermutterkoteletts? Sie erinnern daran, dass Harílaos als junger Ehemann ins Haus seiner Schwiegermutter einziehen musste, weil die zu arm war, der Tochter ein eigenes Haus als Mitgift zu spendieren. Und so kam er auch zu seinem Spitznamen Sógambros, der genau das besagt. Erst 1983 wurde in Griechenland ein Gesetz abgeschafft, das Eltern verpflichtete, ihren Töchtern eine ordentliche Aussteuer mit in die Ehe zu geben, ein eigenes Haus gehörte dazu. Im selben Jahr wurde auch das minimale Heiratsalter für Mädchen von 14 auf 18 Jahre heraufgesetzt.

Knapp 30 Minuten dauert die Autofahrt von **Ormília** nahe der Küste durch Olivenhaine, Felder und Macchia ins Dorf **Vrástama** auf ca. 500 m Höhe. Von dort geht es über einsame Straßen weiter nordwärts. Halten Sie unbedingt mehrmals kurz an und genießen Sie den Blick zurück über die Hügel bis zum Meer. Das Sträßchen klettert den Berghang hinauf nach **Taxiárchis.** Das alte Dorf des ›Erzengels‹ ist heute in ganz Griechenland als Lieferant von Weihnachtsbäumen bekannt. Durch den oberen Dorfbereich kommen Sie zur **Cholomóndas-Höhenstraße,** die rechts nach Arnéa führt.

Schwein gehabt

Am Straßenrand stehen mehrere Waldtavernen. Die älteste und originellste ist die von **Sógambros** ❶. Der Wirt Harílaos ist ein Ausbund an Temperament, nimmt Damen gern im wahren Wortsinn auf den Arm, tanzt mit Gästen Sirtáki zu den Bouzoúki-Klängen seines Sohns Chrístos. Honig verkauft er als ›Viagra‹, der Rotwein stammt aus einem der Áthos-Klöster. Die Spezialitäten: Würste vom schwarzen Schwein und Schwiegermutterkoteletts.

Mit etwas Glück sehen Sie auf der Weiterfahrt einige der halb domestizierten Wildschweine am Straßenrand. Die Leitsauen tragen Glocken um den Hals. Sie leben ohne Hirten frei in den Wäldern, werden aber durch Zufütterung an bestimmte Plätze gelockt. Dort wird dann auch ihr Schicksal besiegelt, wenn Nachschub an Schwiegermutterkoteletts benötigt wird.

Holzbalkone und farbiger Putz

Arnéa (2200 Einw.) empfängt Sie anschließend als schönstes Städtchen im chalkidischen Bergland. Noch bis in die 1960er-Jahre war es ein Zentrum der Flokáti-Herstellung, jener flauschigen Schafswollteppiche, heute ist es bekannt für seinen Honig, der überall angeboten wird. Von vergangenem Wohlstand zeugen im makedonischen Stil erbaute zweigeschossige **Herrenhäuser** aus dem 18./19. Jh. Etliche sind restauriert und in verschiedensten Farbtönen gestrichen. Am oberen **Dorfplatz,** der Kentrikí Platía, auf dem frisches Quellwasser aus einer alten Platane fließt, machen Wegweiser auf zwei kleine, unregelmäßig geöffnete **volkskundliche Museen** aufmerksam. Am unteren Dorfplatz steht die auffällig große **Kirche** mit markantem Uhrturm aus dem Jahr 1889. Im Kircheninnern sind unter Panzerglasplatten die Grundmauern der Vorgängerbauten seit dem 10. Jh. sichtbar.

Die Häuser im traditionellen Stil mit vorgebauten Holzveranden zeigen die enge Verbindung zu Kleinasien.

INFOS/ÖFFNUNGSZEITEN

Sógambros ❶: knapp 5 km nördlich von Taxiárchis, tgl. ab 8 Uhr, Hauptgerichte ab 7 €

KULINARISCHES ZUM ABSCHLUSS

Von der Kirche in **Arnéa** zweigt eine kleine Straße zur **Kapelle Agía Paraskeví** ab, wo Sie eins der besten Restaurants Nordgriechenlands erwartet. Bei **Dimítrios Bakatsiános** ❷ (T 23 72 02 27 50, www.bakatsianos.gr, tgl. ab 11 Uhr) sind Frische und Regionalität die Maximen. Da gibt es Waldkartoffeln mit Cholomóndas-Trüffel (ca. 9 €), allerlei Salate (4–8 €), gefüllte kalte Zucchini, überhaupt viel Gemüse, und an Wochenenden auch Grillfleisch von Lamm, Zicklein und Spanferkel (je 30 €/kg).

EIN BETT FÜR DIE NACHT

Zwei aufwendig restaurierte Stadthäuser von 1812 und 1924 in Arnéa dienen als Hotel. Im **Oikiés Alexándrou** ❶ (an der Dorfstraße zwischen den beiden Plätzen, T 23 72 02 32 10, www.oikia-alexandrou.gr, DZ Ü/F Mo–Do 75 €, Fr–So 85 €, an Feiertagen 95 €) werden zehn Zimmer vermietet. Die gesamte Einrichtung ist stilvoll traditionell, aber ein Mini-Spa mit Whirlpool, Sauna und Hamam fehlen nicht.

Faltplan: D/E 3/4

derne Badeort, landeinwärts zieht sich die alte Siedlung über 1 km weit leicht bergan. Hier stehen noch Häuser aus dem 18., 19. und frühen 20. Jh., von denen viele vor allem von Ausländern liebevoll restauriert wurden. Tavernen gibt es in beiden Ortsteilen, Urlauberunterkünfte nur im neuen. Markttag ist freitags.

Auf Spurensuche

Durch den alten Ort können Sie zu Fuß oder mit dem Auto eine Schleife drehen. Wendemöglichkeit besteht vor der leicht erhöht über dem Ortsende gelegenen, angenehm kleinen Dorfkirche **Ágios Nikítas** von 1867. An ihrer Außenwand sind einige Wandmalereien aus dem 16. Jh. gerade noch erkennbar erhalten. Ziel einer Stippvisite im neuen Dorf sollte die sehr gute **Taverne Marina** direkt am neuen **Bootshafen** sein.

Wer noch ein wenig in der Geschichte wühlen will, fährt auf der Straße zur Sithonía von der Ampelkreuzung aus 800 m weiter bis zur Bäckerei Chrístos und folgt dort dem Wegweiser mit der Aufschrift ›Ágios Geórgios 1000 m‹. Nach 1300 m erreichen Sie dann auch schon die maximal hüfthohen Grundmauern zweier frühchristlicher Basiliken aus dem 6. Jh. Im eingezäunten Gelände der **Basilika Ágios Sofrónios** wurden Säulen und Altarschranken zum Teil wieder aufgerichtet. Auf den Ruinen einer zweiten Basilika steht heute die **Kapelle Ágios Geórgios.** Etwa 3,5 m südlich davon sind im Boden zwei frühchristliche Gräber zu erkennen. Die Verschlusssteine liegen noch davor.

🍴 Kochen als Leidenschaft
Marína
Besser als in dieser schlichten Taverne ohne berauschende Aussicht können Sie auf der Sithonía kaum essen. Inhaber Thomás Gounáris, der in Mönchengladbach Koch gelernt hat und natürlich Borussia-Fan ist, hat nur einen ernsthaften Konkurrenten in der Küche: seinen Sohn Panajótis, allgemein Curt genannt. Sie bieten kreative griechische Küche an,

nehmen aber auch internationale Trends auf. Besonders lecker beim letzten Mal: das Seeteufel-Filet in Knoblauchsauce, die Koteletts vom Zicklein, die gebackene Aubergine mit Knoblauch und Essig. Stammgäste schätzen die exzellenten Steaks mit der hausgemachten Pfeffersauce. Nicht nur Deutsche freuen sich darüber, dass es hier Kartoffeln mal nicht als Pommes gibt. Individuelle Wünsche zu äußern, ist durchaus erwünscht: Auch Julie von der britischen Isle of Wight, die Frau des Wirts und Seele des Service, spricht exzellent Deutsch. Übernachten können Sie im Marína übrigens auch: In zehn schlichten Zimmern oder drei erst 2016 fertiggestellten Studios. Zum Frühstück unbedingt die Maulbeermarmelade mit Ingwer kosten.

An der Uferstraße auf Höhe der Marina, T 23 75 02 21 23, www.halkidiki.com/marina, tgl. ab 8 Uhr, Hauptgerichte meist 8–16 €, DZ ab 42 €

⚙ Alte Dorfromantik
Barcarolla
Die kleine Cafe-Weinbar im obersten Teil des alten Dorfes lässt vergessen, dass man auf der so modernen Chalkidikí ist.

ÜBRIGENS

Die Filiale der Supermarktkette am Ortsende von Nikítí Richtung Sithonía und Áthos kommt Ihnen sicher bekannt vor. Die Farben ihres Logos sind blau und gelb, der deutsche Name besteht aus vier Buchstaben. Sie ist mit etwa 220 Filialen und 5000 Mitarbeitern die größte in Griechenland. Seit der Eröffnung des ersten griechischen Ladenlokals 1990 hat sie schon ganze Forste für Prospekte abholzen lassen und gilt heute als der Preisbrecher in Hellas. Prospekte und Website ermöglichen nicht nur Vergleiche mit unseren Preisen daheim, sie eignen sich auch wunderbar als Bildwörterbuch, mit dessen Hilfe Sie Griechisch lernen können (www.lidl-hellas.gr).

*An den Buchten zwischen Nikíti und Eliá kann jeder sein kleines Paradies finden,
wie hier in der Heavens Beach Bar am Strand von Ágios Ioánnis.*

Die Terrasse unter schattigen Bäumen
wird von alten Dorfhäusern eingefasst,
nur selten fährt ein Auto vorbei. Vormittags wird ein Frühstück *à la carte* serviert,
den ganzen Tag über gibt es kalte Köst-
lichkeiten zu gutem griechischen Wein.
Odós Agiou Nikíta 3, T 69 32 57 33 31, tgl. ab
10 Uhr

Eliá 🗺 F 6

**Kleine Felsen, die wie im Vorüber-
gehen von Riesen ausgestreut
wirken, und Pinien prägen zu
Beginn die Westküste der Sithonía.
Statt kilometerlanger Strände
überwiegen jetzt kleine, von Felsen umrahmte Buchten. Im locker
bebauten Eliá finden Sie mehrere
Hotels und Restaurants in einem
dichten Kiefernwald unmittelbar
am Steilufer – fast ein wenig wie
an der Ostseeküste.**

Missionsreise
An der Kilometertafel 45 zweigt ein nur
auf Griechisch ausgeschildertes Sträßlein landeinwärts zur 2,5 km entfernten
kleinen **Kapelle Ágios Pávlos** ab, die
auf Privatgrund an der Stelle einer drei-
schiffigen frühchristlichen Basilika steht.

Der Legende zufolge soll sich hier im
Fels ein Fluchtweg für den von Heiden
verfolgten Apostel Paulus aufgetan
haben und aus dem Felsspalt begann
eine Quelle zu sprudeln.

🏨 Für ruhige Tage
Virginia
Das kleine Hotel mit nur 24 Zimmern
steht direkt am niedrigen Steilufer. Stufen
führen hinab zum 5 km langen Eliá
Beach, fürs Sonnenbad eignet sich aber
auch der grüne Hotelgarten. Zum Haus
gehört eine Taverne, am besten buchen
Sie hier Halbpension. Die Wirtsleute
gehörten zu den ersten auf der Chalkidikí,
die auf Umweltfreundlichkeit achteten
und sich vom Massentourismus absetzen
wollten. Auch heute noch verzichten sie
bewusst auf eine eigene Website und sind
nicht über Hotelportale buchbar. Mehrere
Reiseveranstalter haben das Haus jedoch
– auch mit Eigenanreise – im Programm.
In Eliá direkt an der Steiluferstraße, T 23 75 02 20
22, z. B. bei www.dertour.de, Mindestaufenthalt
drei Nächte, DZ Ü/F ab 65 €, DZ HP ab 100 €

🌊 Idylle am Wasser
Strandbuchten
Attraktiv sind die Strände **Ágios
Ioánnis, Kalógria** und **Spathiés**
zwischen Nikíti und Eliá. An jedem gibt

es Beach Bars, an Wochenenden ist dort besonders viel los. Der von hohen Kiefern gesäumte **Lagómandra Beach** weiter südlich bietet gute Wassersportmöglichkeiten.

Néos Marmarás

📖 F 6

Mal was anderes: Néos Marmarás wirkt wie ein richtiges Städtchen. Es zieht sich um mehrere Buchten herum, breitet sich über eine kleine Halbinsel und unterhalb grüner Hügel aus. Eine Umgehungsstraße schützt es vor Durchgangsverkehr. Nichts ist alt; trotzdem hat der Ort mit seinem kleinen Hafen und seiner Uferpromenade viel Flair.

Zwischen zwei Stränden

In **Néos Marmarás** (5000 Einw.) flanieren Sie über die **Uferstraße** vom kurzen Fischersteg im Süden an der **Hauptkirche** vorbei zur zentralen **Platía** mit der **Mole** für die Fährschiffe. Daran schließt eine winzige Bucht mit Stegen für die Freizeitkapitäne und einem Ministrand an. Donnerstags ist Wochenmarkt auf den Hafenkais. Nördlich der Hafenbucht springt eine Halbinsel ins Meer vor. Dahinter erstreckt sich der 800 m lange **Parádissos Beach** mit Tavernen, kleinen Hotels und Apartmenthäusern. Hier wohnen überwiegend Individualurlauber. Einen krassen Gegensatz dazu bildet das gigantische Hotelareal von Pórto Carrás, das im Süden am Ende des

Auf den Fang eines solch großen Loup de Mer ist jeder Fischer stolz. In der Taverne bringt er Bestpreise.

Néos Marmarás Beach ins Blickfeld rückt.

Ein wenig Geschichte

Südlich des Zentrums können Sie die **Metochí Ósios Grigórios** (unterhalb der Umgehungsstraße, Mai–Sept. tgl. 8–14, 17–19 Uhr), das ehemalige Landgut eines Áthos-Klosters, besichtigen. Die zweigeschossigen Wohntrakte aus Naturstein mit umlaufenden Holzbalkonen entstanden im Jahr 1906, die Kirche wurde 1865 erbaut.
Nicht versäumen sollten Sie einen Ausflug ins Bergdorf **Parthénonas** (▶ S. 50), oberhalb von Néos Marmarás. Wanderfreudige können sich dorthin auch zu Fuß auf den Weg machen.

⌂ Zentral und einfach
Koráli
Die Möblierung ist schlicht, die sechs Zimmer und acht Studios sind groß, die geräumigen Balkons bieten Hafen- und Meerblick. Das viergeschossige Haus steht nur 200 m vom Zentrum entfernt, Wirt Grigórios Karavás ist ein stets

---

FÜSSE IM SAND

Vier **Fischtavernen** mit Tischen und Stühlen auf dem Sand – das gibt es nicht oft auf der Chalkidikí. Alle sind gleich gut, jede Hervorhebung wäre ungerecht. Abends ist die Atmosphäre besonders stimmungsvoll (ab 11 Uhr, Fisch 45–60 €/kg).

---

hilfsbereiter Mann. Hier wohnt man mittendrin im Ort und doch recht ruhig.
Oberhalb des langen Hafenkais, T 23 75 07 23 71, www.halikdiki.com/korali, DZ ab ca. 30 €

🏠 Stadtnah am Strand
Nikólis
Gerade einmal fünf Bungalows stehen auf 4000 m² Rasenfläche direkt an der schmalen Strandstraße. Ein paar Stufen führen hinauf in die Zwei-Zimmer-Apartments, die bis zu vier Personen Platz bieten. Unter alten Pinien laden Tische und Stühle zum Verweilen ein, auf der Wiese können auch kleine Kinder gefahrlos tollen. Die Atmosphäre ist so leger wie auf einem guten Campingplatz. Das Zentrum liegt 15 Gehminuten entfernt jenseits einer niedrigen Anhöhe.
Am südlichen Ende des Parádissos Beach, T 23 75 07 25 63, www.halikdiki.com/nikolis, DZ im Mai ca. 55 €, im Aug. ca. 75 €

🍴 Stärkung zwischendurch
Provlíta
Wenn Sie auf einem Ausflug in Néos Marmarás zu Mittag essen möchten, sitzen Sie hier am besten. Von den Tischen unter hohen, alten Bäumen fällt der Blick auf Hafen, Ort und Meer. Der Service ist schnell, geboten wird gute Tavernenkost ohne Extravaganzen.
An der Uferstraße über dem nördlichen Hafenbecken, T 69 49 17 06 51, tgl. ab 10 Uhr, Hauptgerichte ab 7,50 €

⚙ Der Szenetreff
Mólos Seaside
Die Pflastersteine sind weiß umrundet wie auf den Kykladen, die kleinen Terrassen am und sogar überm Meer erinnern an Santorin. Weiß, grau und beige sind die Töne der Farbpalette, international ist der Sound. Hier versucht man, das Niveau der edelsten Beach Bars auf den Jet Set-Inseln zu toppen und nimmt sogar Reservierungen für die schönsten Plätze an. Bei der Gelegenheit können Sie auch gleich den Champagner kalt stellen lassen.
An der Uferstraße nahe der Kirche, T 23 75 07 13 31, tgl. ab 10 Uhr, Cocktails ab 10 €, Champagner ca. 150–450 €

Pórto Carrás ⏦ F 6

Weil es sonst nichts Vergleichbares gibt auf der Chalkidiki, wirkt der Hotelkomplex 1–2 km südlich von Néos Marmarás recht futuristisch. Viele Einheimische sind stolz darauf, selbst kritische Urlauber relativieren ihre Negativkritik beim Gedanken an die Küsten Spaniens, Frankreichs oder der Türkei.

Pioniertat
Um 1970 – also zur Zeit der Militärdiktatur – ließ der reiche Reeder John Carrás, getauft als Ioánnis Karrás, ein Sumpfgebiet trocken legen und darauf zwei **Hotelhochhäuser** bauen. Als Architekten beauftragte er Walter Gropius. Nach dessen Tod im Jahr 1969 übernahm sein Büro die weitere Planung. Ein **Spielkasino** wurde integriert, ein **Golfplatz** und ein **Jachthafen** angelegt. Ein **Reitstall,** Weinberge und eine für ihre Zeit wegweisende **Weinkellerei** kamen hinzu. Hoch über allem gönnte sich der Krösus eine eigene, weitläufig von einer Mauer umgebene **Villa** auf dem Gipfel eines Hügels.
Nach seinem Tod ging es mit Pórto Carrás erst einmal bergab. Die Erben

Sie wollen Ihre Urlaubskasse auffrischen? Das Spielkasino von Pórto Carrás ist eins von neun solcher Etablissements in Hellas. Ohne Schwellenangst können Sie in den Wettbüros der OPAP fast rund um die Uhr Lotto spielen oder Sportwetten riskieren. Oder Sie kaufen ein Wochenlos der Staatslotterien bei den Losverkäufern, die zum Straßenbild in den Städten gehören. Für eine Urlaubsverlängerung reichen die Gewinne jedoch nur in seltenen Fällen aus.

#6

Wandern zwischen den Welten – **Parthenónas**

Das einzige Bergdorf der Sithonía ist kein Bauerndorf mehr. Erst Stadtflucht und Tourismus haben es wieder zu recht stillem Leben erweckt. Ein wirkliches Urlaubserlebnis wird aus dem Besuch, wenn Sie von oben an die Küste zurückwandern.

Die Entvölkerung von **Parthenónas** begann schon in den späten 1920er-Jahren, als drunten am Meer Néos Marmarás gegründet wurde. 1970 verließ die allerletzte Familie den Ort. Aber der fast zeitgleich einsetzende Tourismus führte schon 1977 zu einer allerersten sanften Wiederbelebung. Familie Karápapas erkannte das touristische Potenzial der in 350 m Höhe gelegenen Siedlung, restaurierte ein Haus und eröffnete darin eine Taverne, die sie sinnigerweise Párthenon tauften.

Ein Geisterdorf wird wiederbelebt

Nicht nur die erhofften Wanderer kamen, sondern auch Griechen aus den Städten, die einmal wieder in schönster Natur fernab allen Autoverkehrs traditionelle griechische Küche genießen wollten. Es entstand eine erste Pension, 1999 schließlich eine zweite Taverne. Inzwischen haben Griechen und Ausländer mehrere Dorfhäuser instand gesetzt, sogar neue Häuser wurden gebaut. Ein Gesamtkonzept fehlte allerdings, sodass sich das Dorf jetzt nicht mehr im ursprünglichen Naturstein-Look präsentiert, manche Mauer farbigen Putz trägt. Auch die ersten Bauruinen stehen schon als hässliche Betongerippe in der Landschaft. Insgesamt jedoch ist Parthenónas für chalkidikische Verhältnisse ein idyllischer Flecken – und noch immer frei von allem Durchgangsverkehr. Auf die andere Seite der Halbinsel kommt man von hier aus nämlich nur zu Fuß oder mit dem Jeep.

Immer dem Dreizack nach

Am **Párthenon** ❶ beginnt der direkteste von mehreren Wegen hinunter zur Küste. Folgen Sie unterhalb der Tavernenterrasse dem Feldweg in den

Im Spätherbst und Winter tragen die immergrünen, an Lorbeer erinnernden Erdbeerbäume (bot. arbutus) ihre erst weißen, dann roten Früchte. Sie sehen wirklich wie Erdbeeren aus, sind aber nahezu geschmacklos. Kosten Sie ruhig davon! Früher brannte man aus ihnen einen Schnaps, den koumaró, heute werden sie wirtschaftlich nicht mehr genutzt.

Olivenhain – weit unten lockt schon das Meer. Mit etwas Aufmerksamkeit entdecken Sie bald die erste Markierung, den Dreizack des Poseidon. Die ersten 50 Minuten geht es durch offene Landschaft mit Olivenbäumen und Steineichen. In einer kleinen Senke lädt eine Sitzbank unter Platanen zum Rasten ein. Dann wird der Weg zum Pfad, stößt aber weiter unten wieder auf einen Feldweg. Später wandern Sie noch einmal kurz über einen Waldpfad und erreichen schließlich durch einen Olivenhain die Sithonía-Rundstraße. Von dort sind es noch 10 Minuten bis zum Strand und weiter zum südlichen Dorfende von **Néos Marmarás.**

Gibt's hier etwas zu holen? – Natürlich sind mit den Menschen auch die Katzen zurück in Parthenónas.

Unterwegs blühen je nach Jahreszeit die unterschiedlichsten Pflanzen. Im späten Frühjahr sind die Zistrosen besonders auffällig, deren klebrige Blätter ein Harz absondern, aus dem man früher den Räucherstoff Labdanum gewann. Außerdem stehen die hoch wachsenden Asphodelien und Königskerzen in Blüte.

INFOS/ÖFFNUNGSZEITEN

Internet: Dank privater Initiative gibt es mit www.parthenonas.org eine (englischsprachige) Website fürs Dorf, auf die belebtere Orte neidisch sein könnten.
Verkehrsmittel: Keine Linienbusverbindung nach Parthenónas; Taxi von Néos Marmarás etwa 16 €
Wanderung: ca. 6 km, 1.30 Std.
Párthenon ❶: Am oberen Ende der Dorfstraße, tgl. ab 11 Uhr, Hauptgerichte ab 7 €

KULINARISCHES FÜR ZWISCHENDRIN

Die perfekt Deutsch sprechende Wirtin María und ihr Mann Dimítris nutzen die Produkte der Region und servieren im **To Stéki tou Méniou** ❷ (am Dorfplatz, tgl. ab 12 Uhr, Hauptgerichte ab 7 €) z. B. Joghurt mit Maulbeersauce, selbstaufgesetzte Lorbeer- und Maulbeerliköre oder in Sirup eingelegtes Obst.

WER ÜBER NACHT BLEIBEN MÖCHTE

Das Ehepaar Antonía und Tássos vermietet ganzjährig 18 ganz unterschiedlich gestaltete Zimmer im **Parthenónas Guest House** ❶ (T 23 75 07 22 25, www.parthenonas-chalkidiki.com, DZ 60–70 €). Viele sorgsam ausgewählte traditionelle Elemente verleihen dem ältesten Hotel des Dorfes viel Flair.

Faltplan: F/G 6

zeigten kein Interesse an dem Besitz. Dann kaufte an Heiligabend 1999 ein griechisches Unternehmen das Resort und renovierte es gründlich. Aus der im Stil der Áthos-Klöster erbauten Villa des Reeders wurde ein **VIP-Hotel** mit 17 Suiten und eigenem Hubschrauberlandeplatz. 2003 war das Resort wieder geöffnet und richtete erfolgreich ein Gipfeltreffen der EU-Regierungschefs aus. Für Deutschland war Gerhard Schröder dabei. Auch intelligente Menschen waren schon da: 2010 und 2015 wurden in Pórto Carrás die Jugendschachweltmeisterschaften ausgetragen. Alle Infos über das Resort finden sie unter www.portocarras.com.

🕐 **Zwischendurch aufs Pferd?**
Horse Riding Academy
Der Reitstall von Pórto Carrás bietet geführte Ausritte durch das weitläufige Gelände des Resorts und am Strand an. Anfänger und Könner sind willkommen.
T 23 75 07 70 00, www.portocarras.com, tgl. 8–12.30, 16–20.30 Uhr, 45 Min. Trek 35 €

Tristínika und Toróni 🗺 G 7

Zwischen Pórto Carrás und der Südspitze der Sithonía-Halbinsel folgen die Strände Schlag auf Schlag. Die Rundstraße verläuft oberhalb davon und gibt immer wieder den Blick auf sie frei. Im Hinterland der Strände liegen nur einige wenige Campingplätze und Pensionen, die Landschaft ist angenehm naturbelassen. Die Strandkette endet mit den Superstränden von Tristínika und Toróni.

KUNTERBUNT

Anders als die meisten Beach Bars auf der Sithonía ist das **Ethnik** am Strand von **Tristínika** nicht schick und modern gestylt, sondern erinnert an Hippiezeiten. Viele Tische sind in den Farben der Staatsflaggen dieser Welt bemalt, die Zaunlatten um die WC-Anlage haben Buntstiftform. Die ganze Düne ist nur locker bestuhlt, kleine Bänke für traute Paare sind ebenso im Angebot wie lange Bänke für die ganze *paréa*. Am Wasser stehen ein paar Liegen und Schirme, kein anderer Bau ist in der Nähe: ideale Voraussetzung für Partys die ganze Nacht über. Kommt Hunger auf, gibt's Bauernsalat oder Fleischspieß im Pítta-Fladen (Juni–Sept. 24/7, Cocktails um die 8–9 €, Flasche Champagner 100–120 €, Snacks ab 2,50 €).

Viel Sand und etwas Antike

Tristínika ist nur ein winziger Weiler, in dem im Winter gerade einmal drei Familien leben. Dennoch lohnt es, einen ganzen, faulen Urlaubstag hier zu verbringen: Baden am recht leeren Sandstrand, Chillen in einer der urigsten Beach Bars des Landes, Essen in einer Super-Taverne. Auch wohnen können Sie hier!

Toróni ist mit 230 Einwohnern immerhin zwanzigmal so groß, wirkt wie eine langgestreckte Küstensiedlung. Der grobsandige Strand zieht sich als helles Band vor Häusern und Stoppelfeldern entlang bis hin zu einer winzigen Halbinsel mit der Ruine einer venezianischen **Burg**. Am Hang darüber sind einige Mauerreste der **antiken Stadt Toróne** auszumachen, die noch kein Archäologe genauer untersucht hat.

🏠 Ideal für einen Strandurlaub
House Georgiádi

Sie wohnen in einem von 14 Studios in zwei zweigeschossigen Häusern, die keine Straße vom Strand trennt. Am Pool stehen Rattanliegen für die Gäste bereit, Kunststoffliegen auf dem Rasen unter Palmen und am Strand unter alten Tamarisken. Das Auto parkt unter einem Sonnendach. An der Pool-Bar können Sie Ihre Miturlauber kennenlernen und sich mit dem stets präsenten Vermieter unterhalten. Ein Supermarkt und eine gute Taverne sind nur 50 m entfernt. Klar, dass Sie hier früh buchen müssen, um dabei sein zu können!

An der Uferstraße am nördlichen Ortsanfang, in der Saison T 23 75 05 10 80, im Winter T 23 10 43 26 33, www.georgiadis-house.com, DZ 50–80 €

🏠 Total versteckt
Despotikó

Nur ein winziger Wegweiser macht an der Sithonía-Rundstraße auf die Hotelanlage aufmerksam, die Briten wohl einen *hidden treasure* nennen würden. Nur 100 m vom Strand und 500 m vom Zentrum Tristínikas entfernt liegen die Apartments und Suiten in einem üppig grünen Garten, umgeben von purer Ländlichkeit. Drei Pools, Taverne und

Kinder dabei? Dann gehen Sie ans Ufer des Baches, der neben der **Taverne Ángelos Garden** in **Toróni** ins Meer mündet. Bei Sonnenschein liegen da Dutzende kleiner Schildkröten auf den Steinen und warten auf Brotkrumen.

Beach Bar gehören dazu. Alle Zimmer sind sehr individuell modern gestylt, nur manche Tapeten beweisen typisch britischen Geschmack. Ein Mietwagen ist hier unerlässlich!

Südlich des Ortszentrums von Tristínika, T 23 75 05 11 50, www.hoteldespotiko.gr, D7 ab 60 €

🍴 Hält, was es verspricht
Krifós Parádissos

›Verstecktes Paradies‹ hat der Wirt seine selbst gebaute Taverne genannt. Hier steht noch Muttern in der Küche, der Sohn grillt. Das ganze Huhn vom Spieß ist hauchzart und kross, wird mit Parmesan und Zitrone serviert. Der typisch makedonische Salat *politikí* ist ein Gedicht, stammt ja auch aus ökologischem Anbau im eigenen Garten. Wer Fisch einmal anders probieren will, bestellt Krake oder Makrele sauer eingelegt als *skumbrí ksidáto* und *chtapódi ksidáto*.

Im Dorfzentrum von Tristínika an der Hauptstraße, typisches Essen für Drei mit Wasser und Wein ca. 45–50 €

Pórto Koufó 🗺 G 7

Fast am südlichen Zipfel der Sithonía greift im Schutz niedriger Höhenzüge eine Bucht weit ins Land. Nur eine schmale Öffnung verbindet sie mit dem Meer. Der Weiler an ihrem Ende heißt treffend ›Versteckter Hafen‹. An den Kais liegen zahlreiche Fischerboote und einige Jachten, ein langer

Strand schließt im Süden ans Dorf an. Schmeckte das Wasser nicht salzig, könnten Sie sich an einem See wähnen.

....

IN DER UMGEBUNG
....

An der Passhöhe

Von Pórto Koufó windet sich die gut ausgebaute Straße durch die Berge hinüber zur Ostseite der Sithonía. Keine Hotelanlage ist hier zu finden, statt dessen sehen Sie an aussichtsreichen Hügelflanken klapprige **Ziegenställe** aus Wellblech. Wie so mancherorts an den Küsten der Chalkidikí scheinen die Griechen die schönsten Flecken ihren Tieren zu überlassen.

Gleich hinter der Passhöhe machen Statuen antiker Götter dann auch auf die Taverne eines (kunstsinnigen) Ziegenhirten aufmerksam. In der Küche des **Panórama Kalamítsi** (T 69 72 24 91 86, tgl. ab 10 Uhr, Hauptgerichte 7–10 €) bereitet Mama das Zickleinfleisch ausgesprochen lecker im Tontopf mit griechischen Nudeln zu. Der Sohn serviert es an Tischen unter schattigem Blätterdach mit grandiosem Blick auf den Heiligen Berg. Derweil sucht der potenzielle Nachschub für den Kochtopf

Techtelmechtel unterm Bilderstock – da kann ja nichts schiefgehen!

noch unbekümmert an der Terrassenmauer nach Leckereien. Im kleinen, angeschlossenen Souvenirladen verkauft die Tochter, was ihr gefällt – darunter auch Malereien aus eigener Hand.

Kalamítsi 🗺 H 7

Der winzige Küstenweiler liegt recht einsam an einer besonders schönen Sandbucht. Ein großer Fels in Ufernähe spornt an, zu ihm hinüber zu schwimmen. Weitere Felsinselchen 20 m weiter draußen eignen sich gut zum Tauchen. Campingplätze sorgen im Sommer für viel Leben im Dorf.

Sárti 🗺 H 6

Der Badeort zeigt immer noch viel typisch griechisches Flair. Trotz des breiten und über 3 km langen Strands gibt es hier bislang keine großen Hotels. Von den Tavernen an der Uferpromenade aus ist kein anderer Küstenort zu sehen, nur der Berg Áthos steigt auf der anderen Seite des Singitischen Golfs über 2000 m hoch aus der Ägäis auf.

Griechisch ländlich

Zentrum von **Sárti** (1200 Einw.) ist eine kleine, sehr grüne **Platía** mit mehreren Lokalen und vielen Ruhebänken. An den schachbrettartig angelegten Gassen rundum, die Sárti stärker als andere Orte auf der Chalkidikí als Flüchtlingssiedlung der 1920er-Jahren ausweisen, sind kleine Häuser aus der Gründungszeit erhalten, deren Fassaden manchmal völlig hinter Hibiskus und Bougainvilleen verschwinden. Abends können Sie die Dorfbewohner gewöhnlich vor ihren Häusern und Läden beim Schwatz antreffen.

Vor der Jahrtausendwende war Sárti ein bevorzugtes Ziel mittel- und nordeuropäischer Rucksackurlauber. Jetzt kommen vor allem viele jüngere Feriengäste aus Ungarn, Tschechien und der Slowakei mit

Nördlich von Sárti führen Stichstraßen zu versteckten Buchten mit kleineren und größeren Stränden zwischen Felsen – sehr ursprünglich der Portokáli Beach.

oft nur karg gefülltem Geldbeutel. Die Wirte haben sich darauf eingestellt: Sárti ist zur Gýros- und Hamburger-Metropole der Region geworden.

🏠 Mittendrin
House Theodóra
Thomái und Strátos Vounídi vermieten in einem sehr gepflegten, dreigeschossigen Haus direkt an der Uferpromenade elf Studios mit moderner Küchenzeile und Balkon mit Meerblick, etwa 100 m von der Platía entfernt.
Fast am nördlichen Ende der Uferpromenade, www.sarti-theodora.fr, DZ im Mai ab 30 €, im Aug. ab 65 €

🍴 Pasta mit Áthos-Blick
Mamma Mia
Nudelgerichte isst man auf der Sithonía nirgends besser als hier. Den Blick auf den Heiligen Berg gibt es dazu gratis.
Uferpromenade, T 23 75 09 41 29, tgl. ab 10 Uhr, Tellergerichte ab 6 €

🛍 Eigenes Schmuck-Design
Yian
Die Frankokanadierin Marie-Andrée und ihr griechischer Partner Yian gehören in Sárti zum Urgestein. Schon seit Jahrzehnten kreieren und verkaufen

sie Schmuck aus Silber, Edelstahl, Emaille.
50 m südöstlich der Platía nahe der Apotheke, tgl. 12–21 Uhr

⚙ Szene-Treff am Wochenende
Goa Beach Bar
Die berühmteste Beach Bar der Sithonía ist an fünf Tagen in der Woche nur bis zum Sonnenuntergang geöffnet. Freitags und samstags jedoch, wenn die Gäste aus Thessaloníki kommen, wird bis in die Nacht hinein gefeiert. Gast-DJ's und manchmal auch Live Acts sorgen für entsprechende Stimmung.
3 km südlich von Sárti direkt am Meer

⚙ Zeitlos
George
George ist nicht mehr der Jüngste. Er spielt am liebsten Oldies, zückt nachts auch schon mal selbst die Trompete. Ist viel Jungvolk da, wechselt er die Musikfarbe und legt auf, was gefällt.
An der Hauptstichstraße zur Sithonía-Rundstraße, tgl. ab ca. 20 Uhr

🌀 Raus aufs Wasser
Aqua Fun
Für Wassersportmöglichkeiten en masse sorgt in Sárti der Deutsche Uwe

Chittka. Zu seinem Angebot gehören Kayaks, Wasserski, Parasailing, Katamaransegeln, Windsurfen und diverse Inflatables.
Südlicher Strand vor dem Hotel Sárti Beach, T 69 37 13 23 17, www.aquafun-watersports.de

🕓 Ausflüge
Taousánis Tours
Das auch deutschsprachige Reisebüro organisiert neben zahlreichen Busausflügen bis hin zu den Metéora-Klöstern auch Maultierritte in der Umgebung.
An der Platía, T 23 75 09 45 83

❶ Termine
Kirchweihfest: 14./15. Aug. Marienfest mit Livemusik und Folklore auf der Platía.

··

IN DER UMGEBUNG

··

Markt und Expat-Treff
Lust auf Landsleute, die auf Sithonía leben? In der **Taverne Mimósa** im Zentrum von **Sikiá** (🗺 G 7) treffen sich an jedem Samstagvormittag die in Sárti und Umgebung ansässigen Nicht-Griechen. Dann belebt auch ein großer **Wochenmarkt** das kleine Bergdorf.

┌─────────────────────────────┐

TYPISCH GRIECHISCH

Die Kantína ist eine urgriechische Institution – eine improvisierte, meist in einem alten Wohnwagen eingerichtete Snack-Bar am Straßenrand. Davor sind ein paar Campingmöbel aufgestellt, fertig ist das Lokal. Die **Kantína O Andróklis** an der Straße zwischen Sárti und Vourvouroú ist besonders urwüchsig. Vier Bäumchen werden durch gelb gefärbte Autoreifen vor schlechten Parkern geschützt, vier Plastikstühle stehen unter drei Pinien, die Sandwiches werden wahlweise mit Landwurst, Huhn oder Souvláki belegt (2,50 €). Der Blick auf nahe Strände ist unbezahlbar.
└─────────────────────────────┘

Vourvouroú 🗺 F 5

Der älteste Ferienort der Chalkidikí liegt an einem der schönsten Küstenstriche Griechenlands. Schon in den 1960er-Jahren gründete die Universität von Thessaloníki hier eine große, unauffällig in die Landschaft eingepasste Villensiedlung für ihre Professoren und Angestellten. Die besaßen wohl Einfluss genug, um den urigen Charakter der lückenhaften Streusiedlung am Meer zu erhalten.

Amphibisch leben
Außerhalb der Hauptsaison ist **Vourvouroú** (150 Einw.) ein absolut verschlafenes Nest. Sein **Ortszentrum** wird im Wesentlichen durch einige kleine Supermärkte, eine Taverne und einen Campingplatz markiert. Der **Hauptstrand** ist schmal und für diese Gegend viel zu stark mit Kieseln durchsetzt. Einen tollen Badestrand finden Sie auf einer Halbinsel im Osten des Dorfes. Der **Karídi Beach** erinnert ein wenig an die Ostsee, denn ein schönes Kiefernwäldchen reicht fast bis ans Meer heran. Bizarre Felsknollen begrenzen das etwa 200 m lange Feinsandband, an dem kein einziges Hotel steht. Den besonderen Reiz von Vourvouroú machen aber die vorgelagerten, unbewohnten **Inselchen** aus. Ihretwegen ankern so viele kleine, offene Motorboote vor dem Ort. Wer keins besitzt, kann bei mehreren Anbietern eins mieten. Auch geführte Kayaktouren zu den unverbauten Stränden auf den Inseln werden organisiert.

🏠 Altmodisch herzlich
Vourvouroú
Das schlichte, dreigeschossige Hotel mit 33 Zimmern ist nun etwa 40 Jahre alt. Man sieht's ihm an. Das Wirtsehepaar ist auch schon seit den Gründerjahren drin – und gastfreundlich wie ehedem. Auf der einen Seite liegt unkaschiert der Parkplatz, den man ja braucht, auf der anderen geht's über ein Stück Rasen zum Strand, den man ja will. Wer wahre

EIN TRAUM IN WEISS

Das einzige Hotel für Anspruchsvolle in **Vourvouroú** ist das **Ekiés All Senses** in der Bucht am östlichen Dorfrand. Ganz trendig ist seine Grundfarbe Weiß. Die von Größe und Dekor her unterschiedlichen Zimmer, Suiten und Apartments sind minimalistisch gestaltet, die Betten und Badezimmer exzellent. Zur Anlage gehören selbstverständlich auch ein Pool und ein kleiner Spa-Bereich, das auch öffentlich zugängliche Restaurant bietet feine mediterrane Küche. Motorboote werden direkt am Hotel vermietet, der Karídi Beach ist zehn Gehminuten entfernt (In Richtung Karídi Beach fahren, dann der Beschilderung nach links folgen, T 23 75 09 10 00, www.ekies.gr, DZ im Mai ab ca. 115 €, im Aug. bis 460 €).

Ursprünglichkeit statt gestylter Romantik sucht, liegt hier einfach und richtig.
Im Siedlungszentrum zwischen Straße und Strand, T 23 75 09 12 61, www.hotelvourvourou.gr, Mai–Sept., DZ im Mai 35 €, im Aug. ab 50 €

🍴 Seit 30 Jahren unverändert
Gorgóna I Poulmán
Groß, schlicht, direkt am Meer. So mögen es die Uni-Mitarbeiter. An Wochenenden und in den griechischen Sommerferien gibt es viele gekochte und gebackene Gerichte, ansonsten werktags nur Salate, Vorspeisen und Gegrilltes. Extra lecker: die warme Rote Bete (patsária) mit ihren Blättern und reichlich Knoblauch, die Ziegenrippchen und die Fischsuppe!
Im östlichen Bereich der Siedlung, tgl. ab 11 Uhr, Hauptgerichte meist 8–12 €, Suppen 7–8 €.

❄ Bierverkostung am Pool
Mango Bierstraße
Keiner hier spricht deutsch, woher der Name rührt, ist unbekannt. Die Gäste in der Open-air-Bar abseits des Strandes sind überwiegend Griechen. Sie können es sich in ganz unterschiedlichen Sitzbereichen und am Pool bequem machen. Zwei Bars mit langem Tresen fördern die Kommunikation. Etwa 100 Biere aus aller Welt stehen zur Auswahl, darunter sogar Clausthaler.
Am östlichen Ortsende, gut ausgeschildert, tgl. ab 10 Uhr, im Juli/Aug. 24/7

🌀 Neue Erfahrung?
Motorbootvermietungen
Entlang der Hauptstraße machen Wegweiser auf mehrere Motorbootvermietungen aufmerksam. In der Hochsaison sollte man ein Boot im Voraus reservieren, z. B. bei **Circuit** (www.circuitrent.com, T 69 92 61 50 73), **Dream Swim** (www.dreamswim.gr, T 69 74 06 00 24), **Nautilus** (www.nautilusboats.gr, T 69 77 43 70 58) oder **Christáreas** (www.apartmentschristaras.com, T 23 75 09 14 59). Boote kosten je nach Saison ab 75–85 € pro Tag zuzüglich Treibstoff.

Ein beliebtes Fotomotiv ist der Bilderstock über dem Ammoúda Beach, vor allem wenn im zarten Morgenlicht der Berg Áthos im Hintergrund auftaucht.

☏ Aus eigener Kraft
Sea Kayak Halkidiki
Hier sind ideenreiche Profis am Werk. Wem das Paddeln allein nicht genug ist, kann die Tages- oder Halbtagestour auch mit Angeln, Schnorcheln oder Yoga verbinden. Für Romantiker gibt es sogar eine dreistündige Tour zum Sonnenuntergang.
An der Hauptstraße gegenüber vom Hotel Vourouroú, T 69 45 23 56 86, www.seakayak halkidiki.gr, ein Tag 60 €, halber Tag 45 €, zum Sonnenuntergang 30 €

Órmos Panagías

🗺 F 5

Der kleine Fischerhafen, der von einer vorgelagerten Halbinsel geschützt wird, ist vor allem Ziel griechischer Urlauber. Zwei Tavernen haben ihre Tische direkt im Sand am Wasser stehen. Wie aus einer Filmszene wirkt das Piratenschiff an der Mole, das Sie auf Kreuzfahrt mitnimmt. Am Ammoúda Beach jenseits des ›Zie-genbergs‹ **steigen Sie mit Blick auf den Berg Áthos ins Meer.**

☏ Athos ahoi!
Menia Maria III
Der optisch auf Piratenschiff getrimmte Ausflugsdampfer mit Platz für über 400 Passagiere auf drei Decks legt täglich gegen 9.30 Uhr in Órmos Panagías ab, Rückkehr ca. 17 Uhr. Unpassend zum Thema werden unterwegs Piratenspiele für Kinder veranstaltet, auf der Rückfahrt dürfen die Passagiere Sirtáki tanzen.
Ormos Travel, T 23 75 03 15 22, www.halkidiki.com/ormos-travel, Mai–Sept., ca. 30 €

☏ Bootstouren für Individualisten
Freedom
Mehrmals wöchentlich startet von Órmos Panagías um 10 Uhr das traditionelle Holzboot, das auf einer Werft zwischen Róda und Ierissós aus Baumstämmen vom Olymp gebaut wurde. Max. 23 Passagiere nimmt der wortkarge Kapetán Stylianós mit. Auf dem Rückweg werden zwei Stopps auf der Insel Amoulianí eingelegt: Eine zum Essen, eine zweite zum Baden. Rückkehr nach Órmos ca. 18 Uhr. Meine Meinung: Eine schönere Bootsfahrt

können Sie in ganz Nordgriechenland nicht unternehmen!

Friedrich Travel, T 23 75 03 14 80, www.fried rich-travel.com, Mai–Sept., ca. 45 €

Pirgadíkia 🗺 F 4

Der stille Küstenort am Singitischen Golf schmiegt sich mit weißen Häusern an einen Hügel über dem Meer. An der Platía am kleinen Fischerhafen muss jeder vorbei, der auf der Küstenstraße von und nach Áthos unterwegs ist. Lassen Sie sich zu einem spontanen Imbiss in den Tavernen am Platz verleiten. Hier ticken die Uhren noch griechisch.

Bilderstöcke sind an griechischen Straßen allgegenwärtig. Sie können primitiv und hässlich sein, aber auch bildschön. Man kann sie fertig kaufen, aber auch nach eigenen Plänen errichten. In ihrem Innern steht auf jeden Fall immer eine monetär wertlose Ikone, manchmal dekoriert mit einem Strauß künstlicher Blumen. In diversen Flaschen, Coca Cola oder Johnnie Walker inklusive, wird Olivenöl für Öllampen aufbewahrt, Kerzen und Streichhölzer oder Feuerzeuge liegen griffbereit daneben. Ursprünglich standen solche Bilderstöcke – auf Griechisch wie die Trennwände in den Kirchen *Ikonostasis* (Bilderhalter) genannt – immer nahe von Kirchen und Kapellen, die von der Straße aus nicht zu sehen waren. Sie sollten die Gläubigen auffordern, sich zu bekreuzigen, um sich nicht den Zorn des Heiligen zuzuziehen. Heute erinnern die Bilderstöcke manchmal auch an einen tödlich Verunglückten. Dann steht im Innern ein Foto des Toten.

🍴 **Gute Muschelgerichte**
Afthónni
Die Taverne an der Platía ist eine Institution. Die Gerichte sind großzügig bemessen, typisch und lecker. Der Fisch stammt aus örtlichem Fang, die Miesmuscheln werden in der Region gezüchtet. Die Bewirtung von Déspina und ihrem Mann ist herzlich. Regelmäßig wird griechische Musik gespielt.

T 23 75 09 31 06, Hauptgerichte ab 5,50 €

🏖 **Ungestörtes Strandvergnügen**
Ein schöner **Sandstrand** liegt im **Kámbos** genannten Flachland nördlich des Dorfes (hinter der Platía am Abzweig nach Ierissós/Polígiros vorbei geradeaus weiter). Dort ragt auch die Ruine eines Wehrturms auf, wie er für die alten Besitzungen von Áthos-Klöstern auf der Chalkidikí typisch ist.

IN DER UMGEBUNG

Schöne Holzschnitzereien
Megáli Panagía 16 km landeinwärts von Pirgadíkia ist das Wallfahrtsziel gläubiger Griechen. Der Legende nach erschien vor etwa 150 Jahren hier Maria einer Bäuerin im Schlaf und zeigte ihr eine Höhle, in der eine uralte Marienikone verborgen war. Am Fundort zwischen Feldern und Wald wurde daraufhin eine **Kirche** (tagsüber geöffnet) errichtet, der inzwischen ein großes Jugendferienlager angeschlossen ist. Im Gotteshaus können Sie die Werke bulgarischer Holzschnitzer bewundern. Der Bischofsthron ist überreich mit kleinen und großen Fabelwesen verziert. Er steht auf zwei Füßen in Gestalt furchterregender Löwen mit prächtigen Mähnen. So soll Übel vom Bischof abgewehrt werden. Meisterlich sind auch die Schnitzereien am Bogen über der Mitteltür der Ikonostase, die die Apostel mit Evangelien in den Händen darstellen. Links von der Mitteltür der Ikonostase hängt die reich mit Geschenken bedachte und mit Silberblech verkleidete wundertätige Ikone. Die Geschichte ihrer Auffindung erzählt eine neuere Ikone im Narthex, dem Vorraum der Kirche.

Áthos und die Ostküste

Nur der nördlichste Teil des dritten Fingers der Chalkidikí mit dem Hafen Ouranoúpoli gehört zu dieser Welt, der Rest ist als Heiliger Berg Mönchen und männlichen Pilgern vorbehalten. Die gesamte Mönchsrepublik ist dicht bewaldet, ganz im Süden ragt das Áthos-Massiv 2030 m hoch fast direkt aus dem Meer auf. Die Gipfelregion ist oft noch bis in den Mai hinein schneebedeckt. An der Ostküste der Chalkidikí liegt die Heimat des Philosophen Aristoteles.

Develíki ◫ G 4

In Develíki können Sie hervorragend aus der Zeit fallen. Der winzige Küstenweiler taucht trotz guten Strandes auf der touristischen Landkarte noch nicht auf und erscheint wie ein Relikt aus den 1980er-Jahren.

Entschleunigung total

Zwei Tavernen direkt am Strand, die eine zugleich Bar, beide mit Zimmervermietung – das ist alles, was die nur aus wenigen Häusern bestehende Streusiedlung weit unterhalb der Hauptstraße zwischen den Halbinseln Sithonía und Áthos als Attraktionen zu bieten vermag. In beiden lässt sich bestens die Zeit vergessen.

🏠 Die Welt ist weit weg
Diónisos

»Los Angeles 18 739 km«, »Rio de Janeiro 13 225 km«, »Barcelona 2178 km« steht auf farbigen Wegweisern, die der Wirt an den kleinen Bäumen auf der Terrasse direkt überm Strand befestigt hat. Bunte Bänder wehen im Wind, deuten Bewegung an; Hüte als Lampenschirme scheinen zur Reisebekleidung zu gehören. Weit draußen am Wasser ziehen die Ausflugsschiffe Richtung Áthos vorbei, pendelt die Fähre zwischen Festland und Amoulianí. Das alles reicht für bewegende Gedanken, da kann der Körper ganz entspannt sitzen oder liegen bleiben. Diónisos sorgt für alles: Vom Frühstück bis zum Nightcup im Mondschein. Gästekommentare sind auf einer großen Holzscheibe zu lesen: »Scandalous – Orgasmic – Sensuous – Divine – Nostalgic – Idyllic – Optimum«. Einfache Zimmer und Studios werden 30 m landeinwärts vermietet – weiter muss man im Urlaub ja nicht unbedingt gehen.
T 69 46 79 52 35, www.develiki.com, DZ ab 30 €

🏠 Herrlich unkompliziert
Eléni

›Es kommt, wie es kommt‹, scheint das Motto der Wirtsfamilie zu sein. Im Garten wächst alles bunt durcheinander: Birnen und Palmen, Feigen und Eukalyptus, Hibiskus, Orangen, Zitronen, Äpfel, Tomaten Tamarisken, Peperoni. Hinterm Haus trocknet die Wäsche an Leinen zwischen den Bäumen. Wo Platz ist, parken die Autos der Gäste. Übers ganze Gelände verstreut hat der Seniorchef seinem Hobby gefrönt: Zement in jeder Form, ob zwei- oder dreidimensional, mit Kieselsteinen zu verzieren. Auch Thessaloníkis Weißer Turm steht so mehrfach variiert in Develíki. Zierkürbisse hängen vom Terrassendach, unter dem Schwalben nisten; kleine Hunde begrüßen schwanzwedelnd die Fremden. Zur Taverne gehören auch sieben ebenerdige Zimmer, alle mit einem Etagenbett für die Kinder. Fliegengitter halten Insekten draußen, wo Geckos auf sie warten. Allen Zimmern gemeinsam ist eine lange Terrasse unterm vorgezogenen Dach, auf der man bedenkenlos auch im Pyjama den Tag verbringen könnte. Laissez faire ist angesagt, bei Wirtsleuten und Gästen.
T 69 46 53 53 15, www.develiki.com.gr, Familienzimmer 24–45 €

Ierissós und Néa Róda ◫ G 4

Die beiden einzigen Dörfer an der Nordküste der Áthos-Halbinsel sind kein Ausbund von Schönheit. Fahren Sie ruhig dran vorbei, halten Sie zwischen beiden aber unbedingt einmal an!

Bootsbau mit Tradition

Zwischen **Ierissós** und **Néa Róda** werden direkt am Meer in einigen kleinen **Werften** unter freiem Himmel Fischer- und Ausflugsboote gebaut. Wegen der *krísis* ist die Auftragslage momentan zwar schlecht, aber zumindest Reparaturen sind immer noch angesagt. Boote ähnlich denen, die hier gebaut werden, waren noch vor 60 Jahren das wichtigste Verkehrsmittel in der ganzen Ägäis und auch auf der Chalkidikí. Als Lastensegler mit Hilfsmotor waren sie zwischen

Wer auf der Suche nach schönen Fotomotiven ist, sollte einen Stopp am Karkoúdia Beach in Ierissós einlegen. Das Licht muss allerdings mitspielen.

vielen kleinen Häfen unterwegs, bevor Straßenbau, neue Hafenanlagen und Großfähren ihnen die Arbeit wegnahmen. Die Werften sind von der Straße aus gut zu überblicken. Meist gestatten es Ihnen die Arbeiter dort auch, sich auf dem Werftgelände umzusehen.

Xerxes, der Perser

Am südlichen Ortsrand von **Néa Róda** lädt die **Beach Bar Xerxes** zum Chillen unterm Camouflage-Netz oder am 6 m breiten **Strand** ein. Ungefähr an dieser Stelle ließ der Perserkönig Xerxes 483 v. Chr. seine Sklaven die Spaten ansetzen, um für seine Flotte einen **Kanal** quer über die hier nur 2,2 km breite Áthos-Halbinsel auszuheben. Damit wollte er das Schicksal vermeiden, dass die Flotte seines Vorgängers Dareios I. im Jahr 490 v. Chr. erlitten hatte: Sie wurde vom Sturm vor der Spitze der Halbinsel vernichtet. Nach drei Jahren Bauzeit war der 30 m lange Kanal fertig. Danach wurde er aber nicht mehr genutzt und verfiel. Heute ist sein Verlauf nur noch auf Satellitenaufnahmen zu erkennen – und an einem braunen Hinweisschild ›Diórig tou Xérxi‹ direkt an der Straße, die hinüber nach Tripití schwenkt, wo sich der Anleger für die Fähren nach **Amoulianí** (▸ S. 64) befindet.

Ouranoúpoli 🗺 H 4

In der ›Himmelsstadt‹ treffen zwei Welten aufeinander. Am Hafen mischen sich Mönche und Pilger aus der Mönchsrepublik Áthos unter die Badeurlauber, die in den nahen Strandhotels zwischen Ouranoúpoli und Tripití logieren. Das sorgt für die ganz besondere Atmosphäre des ansonsten vom Kommerz geprägten Ortes.

Warten aufs Schiff

Direkt an der Hafenmole steht das Wahrzeichen von Ouranoúpoli, der **Turm von Prosphórion.** Mönche des Áthos-Klosters Vatopédi erbauten ihn 1344. Er diente nicht nur ihnen selbst als Zuflucht, sondern nahm auch die Ernteerträge der Ländereien des Klosters auf. Eine Innenbesichtigung ist nur möglich, wenn dort eine der sehr sporadischen Sonderausstellungen stattfindet.

Von der kurzen **Hafenmole** legt jeden Morgen gegen 9.45 Uhr die Autofähre nach Dafní ab, dem Haupthafen der Mönchsrepublik. In der Stunde davor bekommen Sie besonders viele reisende fromme Männer zu Gesicht. Manche von ihnen verbringen die Wartezeit auch

Insel-Feeling für viele – **Amouliani**

Die Mehrheit der Griechenlandreisenden zieht es auf die ägäischen Inseln. Nur eine davon gehört zur Chalkidikí. Wenn die Thessaloniker im Hochsommer kommen, platzt Amouliani aus allen Nähten. Ansonsten zeigt sich das Inselchen als ein Hort der Ruhe und Beschaulichkeit. Im Ausland ist es noch weitgehend unbekannt.

In den Ferien und an Wochenenden schwillt die Zahl der Inselbewohner von gut 500 auf bis zu 10 000 an. Mit der Stille ist es dann vorbei, Trinkwasser wird extrem knapp und muss mit Tankschiffen vom Festland hergebracht werden. An fast jedem Abend erklingt irgendwo in den Tavernen griechische Livemusik, drehen sich Lämmer und Spanferkel am Spieß. Es sind fast ausschließlich griechische Urlauber hier – das unterscheidet Amouliani von allen anderen Inseln in der Ägäis. Bevorzugte Urlaubsart ist das Camping. Das kann sich die einheimische Bevölkerung auch in diesen Krisenjahren noch leisten.

Treffpunkt Hafen

Viele der Insulaner sind Fischer, einige weitere arbeiten auf den lokalen Fähren und Ausflugsbooten, alle leben im einzigen **Inselort.** Der ist wie so häufig auf der Chalkidikí recht jung, wurde erst in den späten 1920er-Jahren gegründet. Zuvor war die Insel im Besitz der Áthos-Klöster. Ans Stromnetz angeschlossen ist Amouliani erst seit 1973.

Nach einem kurzen **Ortsrundgang** findet sich der Tagesbesucher meist an der **Hafenfront** wieder, an der die meisten Cafés und Tavernen liegen. Ein Café hat das einzige historische Bauwerk der Insel bezogen, den festungsartigen **Turm Arsanás.** Er stammt aus dem 19. Jh. und diente Áthos-Mönchen als Unterkunft und Lagerraum. Dass die Familien der heutigen Inselbewohner ursprünglich von den Küsten des Schwarzen Meeres stammen, zeigt das kleine **Volkskundemuseum** am Platz gegenüber der **Kirche.**

Am Hafen von Amouliani gehören Fischer noch zum üblichen Bild. Der Tagesfang wird direkt ab Bord verkauft.

Zum Möwenstrand

Mit der Pferdekutsche, dem mitgebrachten Mietfahrzeug oder zu Fuß sind alle Strände der nur 12 km² kleinen, maximal 250 m hohen Insel gut zu erreichen. Hauptstrand ist der breite, etwa 300 m lange **Alíkes Beach** ❶ mit Beach Bars, Tavernen und großem Campingplatz. Der Weg zum Strand führt an einer heute nicht mehr genutzten **Saline** 🔲 vorbei.

Schönster Strand ist der Grobsandstrand **Karagátsia Beach** ❷. Er liegt zwischen viel Grün am Ausgang eines kleinen Taleinschnitts, das als Möwenschutzgebiet ausgewiesen ist. Tausende dieser auf der Insel allgegenwärtigen Vögel brüten hier im Frühjahr. Die kleine, 3 km lange Asphaltstraße dorthin zweigt 200 m nach Verlassen der Fähre von der Inselhauptstraße ab.

Etwas weniger attraktiv sind die Strände an der dem Áthos zugewandten Inselseite. Am **Ágios Geórgios Beach** ❸ gibt es eine einfach-urige Taverne. Extrem griechisch ist der benachbarte **Megáli Ámmos Beach** ❸: Die Stammgäste wohnen in fest installierten Caravans ohne jede Reih' und Ordnung. Alles ist sehr einfach, was viele Griechen sehr urig und liebenswert finden, manche Ausländer aber schlicht primitiv.

Fähren zählen in Griechenland zu den wichtigsten Transportmitteln. Kein Wunder bei 118 offiziell bewohnten Inseln. Auf sechs Inseln wurde bei der letzten Volkszählung 2011 nur noch ein einziger Einwohner registriert. Amouliani liegt bevölkerungsmäßig schon an 60. Stelle.

INFOS/ÖFFNUNGSZEITEN

Fährverkehr: ab Tripití tgl. 7.15–20.15 Uhr stdl. (außer 15.15 Uhr), ab Amouliani 6.45–19.45 Uhr stdl. (außer 15.45 Uhr), im Hochsommer sowie an Wochenenden länger und häufiger, 2 €/Pers., 10 €/Pkw, zahlbar an Bord
Volkskundemuseum: tgl. 11–14, 18.30–21.30 Uhr, Eintritt frei
Alíkes Camping: T 23 77 05 13 79, www.alikescamping.gr

KULINARISCHES FÜR ZWISCHENDRIN

Wer den schönsten Hafenblick sucht, kehrt in der **Taverne Anemótrata** ❶ (T 23 77 05 13 22, tgl. ab 10 Uhr, Hauptgerichte ab 8 €) ein.

IN FREMDEN BETTEN

Über der Küste im Dorf liegt das **Hotel Sun Rise** 🔲 (T 23 77 05 12 73, www.ammouliani-sunrise.gr, DZ NS ab 50 €, HS ab 90 €), abends erkennbar an der Leuchtreklame. Die Zimmer eignen sich gut für eine Zwischenübernachtung. Lärmbelästigung durch Musik möglich.

Faltplan: G 4

Der Turm von Prosphórion an der Hafenmole in Ouranoúpoli gibt einen Vorgeschmack auf die Architektur der Áthos-Klöster.

in einem der Cafés und Tavernen an der etwa 100 m langen **Uferpromenade**. An der Promenade können Sie auch eine der kuriosesten Verkaufsausstellungen Europas besuchen: **Fertigbaukirchen** jeder Größe sind im Angebot. Sie werden Ihnen auf Wunsch bis in den eigenen Garten geliefert. Musterkirchen sind zu besichtigen, Kataloge liegen aus, Videos demonstrieren Ihnen auf Flachbildschirmen die unterschiedlichen Bautypen und Transportwege. Die Verkaufspreise erfahren Sie im Beratungsbüro (www.batzolis.gr).

Alter Grenzposten
Südlich des Hafens geht die Uferstraße bald in eine staubige Piste über, auf der Sie nach 2300 m auf die **Klosterruine Zygoú** unmittelbar an der Grenze zur Mönchsrepublik stoßen. Das ursprünglich zur Mönchsrepublik gehörende Kloster war nur zwischen 996 und 1199 von orthodoxen Mönchen bewohnt. Danach plünderten es römisch-katholische Kreuzritter und machten eine Grenzfestung zu ihren orthodoxen Glaubens-›Brüdern‹ daraus. Seit dem

14. Jh. lebten Bauern in den Ruinen. Deutlich zu erkennen sind die Überreste der Klostermauern mit ihren elf Türmen und der Klosterkirche. Deren Kuppel ist irgendwann eingestürzt und liegt nun zerbrochen auf dem Kirchenboden. Eine Olivenmühle stammt aus der Zeit der bäuerlichen Nutzung.

🏠 Dem Áthos gemäß
Skítes
So wie manche Mönche auf dem Berg Áthos in kleinen Skiten statt in Klöstern wohnen, schlafen die Gäste der perfekt Deutsch und Englisch sprechenden Karin Bohn in kleinen Häuschen statt in einem Hotelklotz. Der üppige Garten darf gern etwas verwildern, der Zugang zum Meer erfordert die Nutzung einer Badeleiter, der Pool direkt an der Küste hat zwergenolympische Maße. Hier fühlt sich wohl, wer dem Áthos auch emotional nahe kommen und trotzdem im kleinen, fast privaten Hotelrestaurant gut essen will. Am offenen Kamin oder an der Hotelbar kommt man auch leicht mit der Inhaberin ins Gespräch, die kulturell tief in dieser Region verwurzelt ist.
An der Straße zur Klosterruine Zygoú, T 23 77 07 11 40, www.skites.gr, DZ ab 105 €

🏠 Baden statt beten
Xénia
Das einst staatliche, heute älteste Hotel im Ort kombiniert echte Strandlage mit großer Ortsnähe – bis zum Fähranleger geht man maximal zehn Minuten. Einige Bungalow-Zimmer liegen nur zehn Schritte vom Wasser entfernt, insgesamt stehen 68 Zimmer, ein großer Spa-Bereich mit Innenpool zur Verfügung. Modernes Styling darf man nicht erwarten, die Lage ist das große Plus!
An der Ortseinfahrt aus Richtung Thessaloniki, T 23 77 07 14 12, www.xeniaouranoupolis.com, DZ im Mai ab 55 €, im Juli ab 120 €

🍴 Gewichtskontrolle
Lemoniádis
In das schon 1957 gegründete Restaurant geht man zum Fischessen. Die Preise für Fisch und Meeresfrüchte sind zumeist Kilopreise. Seien Sie beim

Ausweigen unbedingt dabei, um spätere Streitigkeiten zu vermeiden!

Uferpromenade, T 23 77 07 13 55, Feb.–Dez. tgl. ab 9 Uhr, Hauptgerichte meist 8–15 €

🍫 Schoko gibt es hier nicht
Lila Pause

Den Inhabern des auch beim Klerus beliebten Cafés gefiel ganz einfach der Name. Bestellen kann man die Schokoriegel hier nicht, aber der Kiosk gleich nebenan hat meist welche vorrätig. Im Café bekommen Sie Frühstück, Säfte und Eis fast rund um die Uhr.

Uferpromenade, T 23 77 07 14 16, tgl. ab 8 Uhr

🍴 Topfgucker
Kentrikó

Die eher unscheinbare Taverne direkt an der Hauptstraße ist die älteste im Ort. Hier dürfen die Gäste noch in die Töpfe schauen, bevor sie bestellen. Sehr empfehlenswert sind die Gemüsegerichte und die Tagessuppe.

Gegenüber vom Supermarkt Áthos, T 23 77 07 14 01, tgl. ab 9 Uhr

🌀 Ganz was anderes
Wassersport

Verschiedene Wassersportstationen (Wasserski, Jetski, Kayak, Tretboote, Inflatables, Parasailing) sind von Mitte Mai bis September vor den Großhotels zwischen Ouranoúpoli und Tripití in Betrieb.

🌀 Auf zu den Inseln!
Motorboote

Direkt am Fähranleger werden auch Motorboote an Selbstfahrer vermietet. Die meisten fahren damit hinüber zu den Dreniá-Inseln und nach Amouliani.

U. a. Sávas Antonákis, T 69 48 11 99 60 und María Lamboú, T 69 79 09 77 36

⚙ Wenn die Mönche weg sind
Bratserá

Eine große Holzterrasse mit langem Bartresen direkt am Wasser ist der Treffpunkt aller Weltlichen in lauen Sommernächten. Getanzt wird selten, überwiegend griechische Musik ist zu hören.

Am nördlichen Ende der Uferpromenade, tgl. ab 10 Uhr

ℹ Infos
Parken: Am besten fahren Sie durch den Ort bis ans Ufer und stellen Ihren Wagen dort auf dem gebührenpflichtigen unbefestigten Parkplatz ab.

Mönchsrepublik Áthos ▯ H–K 4–6

Quer über die Áthos-Halbinsel zieht sich eine vom Militär bewachte Mauer, die den Heiligen Berg von der Welt abriegelt. Es gibt keinen einzigen Grenzübergang. Nur auf dem Seeweg gelangen Mönche, Arbeiter und Pilger von Ouranoúpoli aus in die Mönchsrepublik. Normalurlauber – vor allem die Damenwelt – müssen sich mit einem Blick aus der Ferne auf die spektakulären Klöster begnügen (▶ S. 68).

Gott und Maria zu Ehren
Die Zahl der **Áthos-Klöster** ist seit 1924 gesetzlich auf 20 beschränkt. Das älteste, **Moní Megistís Lávris,** wurde schon 963 gegründet. Den Klöstern unterstehen auch zwölf **Skiten,** einem winzigen Dorf ähnliche Mönchssiedlungen, und eine Reihe von **Kellien,** eine Art Einzelgehöft mit bis zu sechs Bewohnern.

Die Glocke ruft die Mönche und Besucher des Klosters Símona Pétras zur gemeinsamen Mahlzeit.

Mit gebührendem Abstand – **Áthos-Kreuzfahrt**

Kann denn Liebe Sünde sein? Den 2700 frommen, bärtigen Männern am Berg Áthos scheint es so. Sie haben ihr Herz ganz und gar ihrer Vizechefin Maria geschenkt – und lassen keine Frau einen Fuß in ihre Mönchsrepublik setzen. Doch damit nicht genug! Das Ausflugsschiff darf sich der Küste auf maximal 500 m nähern.

Auf dem etwa dreistündigen Ausflug von Ouranoúpoli entlang der Westküste der Áthos-Halbinsel können Normalurlauber zumindest einen äußeren Eindruck von der Männerwelt im Dienste Gottes erhaschen. Am besten suchen Sie sich Backbord einen Platz. Sieben Klöster ziehen an Ihnen vorbei, zudem einige Kellien. Alle wichtigen Daten und manche Anekdote plappert der Schiffslautsprecher u. a. auf Englisch aus.

Doch nicht so weltfern?

40 Minuten nach der Abfahrt passiert das Schiff die beiden über 1000 Jahre alten **Moní Dochiaríou** **1** und **Moní Xenofóntos** **2** direkt am Ufer. Eine der imposantesten Anlagen ist das **Moní Ágios Pantelímonos** **3** aus dem 11. Jh. mit seinen vielen grünen Zwiebeltürmchen und verschiedenfarbigen Dächern. Um 1900 lebten hier allein über 2000 Mönche. Seit dem Ende der kommunistischen Ära erhält das russisch-orthodoxe Kloster neuen Zustrom aus Osteuropa. Auch das bulgarisch- und das serbisch-orthodoxe Áthos-Kloster kann sich über Nachwuchs freuen. Die ausländischen Mönche müssen laut einem Gesetz von 1924 alle die griechische Staatsbürgerschaft annehmen.

Bald kommt der kleine Hafenort **Dafní** **4** in Sicht, über den Pilger und griechische Zivilisten an Land gehen. Zeitweise leben über 700 Zivilisten in der Mönchsrepublik, u. a. die Tavernenwirte von Dafní und dem Verwaltungszentrum **Kariés,** Polizisten, Mitarbeiter der Telefon- und der Elektrizitätsgesellschaft, Ärzte, Apotheker,

Zahlreiche Balkone und über den Abgrund ragende, nur auf hölzernen Spreizbalken ruhende Erker bezeugen das große Gottvertrauen der Mönche im Moní Simona Pétras.

Zöllner sowie vor allem Wald- und Bauarbeiter. Für den Abtransport von Baumstämmen wurden inzwischen zahlreiche Straßen angelegt. Weit über 100 Pkw, Unimogs und Lkw sind auf dem Berg Áthos zugelassen. Einige davon sind auch als Pilgertaxis unterwegs.

Über dem Abgrund

Das nächste Kloster heißt **Símona Pétras** `5`. Wie eine Burg thront es auf einem über 200 m hohen Felsplateau nahe dem Meer. Seine Architektur ruft Bilder von tibetanischen Klöstern wach. Nicht minder eindrucksvoll ist das **Moní Ósios Grigórios** `6` aus dem 14. Jh. Seine vielgeschossigen Bauten stehen auf Felsen unmittelbar an der Küste. Das folgende **Moní Ágios Dionísios** `7` bietet einen atemberaubenden Anblick. Seine achtgeschossigen Zellentrakte stehen auf einem 80 m hohen Felsen über dem Wasser. Vor den Felswänden des 2030 m hohen **Berges Áthos** wendet das Ausflugsschiff dann auf Höhe des im Tal gelegenen **Moní Ágios Pávlos** `8`. Seine Bauten wurden nach einem Brand im Jahr 1902 alle neu errichtet.

Auf der Rückfahrt können Sie die Küste in aller Ruhe vorbeiziehen lassen. Nur das Kreischen der Möwen und das Tuckern des Schiffsmotors ist zu hören. Mit etwas Glück sehen Sie einige Delfine, in den Gewässern zwischen Áthos und Sithonía leben noch etwa 100 Exemplare der Meeressäuger.

ÜBRIGENS

Wissen Sie, wie lange über Bord geworfene **Abfälle** brauchen, um zu verrotten? Zeitungspapier sechs Wochen, Zigarettenfilter bis zu fünf Jahre, Plastiktüten 10–20 Jahre, Plastikbecher 50 Jahre, Aluminiumdosen 80–200 Jahre, Plastikflaschen 450 Jahre, Glasflaschen 1 Mio. Jahre.

INFOS

Veranstalter in Ouranoúpoli: Athos Sea Cruises, T 23 77 07 10 71, http://athos-cruises.gr, April–Okt. tgl. 10.30, Mitte Mai–Mitte Okt. auch 13.45 Uhr, 20 € (bei Internet-Buchung 18 €)
Alternative: Während der Saison tgl. Fahrten ab Órmos Panagías (► S 58)
Buchung vorab: Im Internet sowie in vielen Reisebüros und bei allen Reiseveranstaltern in sämtlichen Badeorten auf der Chalkidikí (inkl. Transfer)
Achtung: Denken Sie an einen Sonnen- und – je nach Jahreszeit – Windschutz!

KULINARISCHES FÜR ZWISCHENDRIN
An Bord verkauft ein Kiosk Getränke und kalte Snacks.

Faltplan: H/J 4–6

Alle **Mönche** des Áthos haben ein Gelübde der Armut, Keuschheit und des Gehorsams gegenüber ihrem Abt abgelegt. Sie nehmen ihre kärglichen Mahlzeiten gemeinsam ein und halten sich an besonders strenge Fastenregeln. Ihr Tageslauf wird von Gebeten und mindestens zwei Stunden langen, gemeinschaftlichen Gottesdiensten am sehr frühen Morgen und am späten Nachmittag geprägt. Jeder Mönch führt zudem noch ihm gemäße Arbeiten aus. Manche sind Ikonenmaler, andere restaurieren alte Handschriften, zimmern Möbel, betreiben Imkereien, Landwirtschaft und Weinanbau. In jedem Kloster ist zudem mindestens ein Bruder für die Pilgerbetreuung zuständig, denn alle Klöster unterhalten einen Gästetrakt.

Willkommen sind aber nur erwachsene männliche **Pilger.** Und auch die benötigen, sofern sie nicht Grieche und orthodox sind, gute Gründe, um ein Visum zu erhalten. Nur zehn Ausländer dürfen pro Tag einreisen. Am besten erkundigen sich Interessierte mindestens sechs Wochen vor dem geplanten Besuch im Pilgerbüro nach freien Kapazitäten.

ℹ Infos
Pilgerbüro: Ierá Epistasía Agíou Óros Gráfio Proskinitón, Odós Egnatía 109, 54635 Thessaloníki, T 23 10 25 25 78, piligrimsbureau@c-lab.gr.

Stratóni 🗺 G 3

In Stratóni denken alle nur an Gold. Seine Erzverarbeitungs- und -verschiffungsanlage könnte Griechenlands Schulden begleichen – wenn man denn ein kanadisches Bergbauunternehmen gewähren ließe. Für die Umwelt der Region wäre es aber eine Katastrophe.

Jeder Fremde ist suspekt

Gold Hellas, eine 95%-ige Tochter von Eldorado Gold, hat zwischen Stratóni und Megáli Panagía 4 Mio. Feinunzen Gold, 59 Mio. t Silber, 600 000 t Blei und 800 000 t Zink geortet. Hinzu kommen 3,6 Mio. Feinunzen Gold und über 700 000 t Kupfer in einem Areal weiter nördlich nahe Olimbiáda. Die Bodenschätze könnten zuerst in sieben Jahren über Tage, danach in 20 Jahren unter Tage geborgen werden. Das inzwischen stark heruntergekommene Stratóni wäre einer der Gewinner. Aber es regt sich parlamentarischer und außerparlamentarischer Widerstand gegen den Abbau. Das Für und Wider spaltet nicht nur die Region. Die vielen hiesigen Arbeitslosen, die Gewerkschaften und die von den Staatsschulden geplagten Politiker sind dafür. Alle, die mit dem Tourismus ihr Geld verdienen, Naturschützer und Globalisierungsgegner aus ganz Grie-

Nur mit der Fähre erreichen Mönche und Pilger sowie diverse Zivilisten, die in der Mönchsrepublik arbeiten, ihren Bestimmungsort auf Áthos.

chenland sind dagegen. Gerichte entscheiden mal so, mal so. Noch ist immer nicht klar, wie es weitergeht. Jede Wahl kann die Marschrichtung ändern. Wenn Sie konfliktscheu sind, umfahren Sie Stratóni auf der Umgehungsstraße und werfen nur von oben einen Blick auf das Bergarbeiterdorf. Die breiten Straßen und der Strand sind meist menschenleer. Vor den Toren der Erzverarbeitungsanlage hängen viele Plakate und Banner pro Goldabbau. Wer aussteigt und fotografiert, outet sich als möglicher Journalist und wird aufmerksam beobachtet. Übers Thema möchte niemand diskutieren. Dass die Menschen sich hier Arbeit wünschen, versteht sich aber beim Anblick des trostlosen Dorfes wortlos.

Olimbiáda 🗺 F 2

Olimbiáda ist ein bei Griechen beliebter Badeort. Überregionale Bedeutung verlieh ihm die Entdeckung des antiken Stágira, Geburtsort des Aristoteles. Ein Rundgang durch die sehr gut aufbereiteten Ausgrabungen ist zugleich ein schönes Natur- und Landschaftserlebnis – und kann auf einen Strand münden, an dem einst vielleicht schon der große Philosoph plantschte (▶ S. 72).

Die andere Seite des Goldes

Bis Gold in den Händen seiner Besitzer glänzt, entsteht viel Zerstörung. Die Folgen eines möglichen Goldrausches für die Natur zeigen sich am nördlichen Ortsrand von Olimbiáda. Wenn Sie hinter der Trockenbachbrücke ein Stück weit die Straße Richtung Varvára hinauffahren, blicken Sie linker Hand im Tal auf ein riesiges Areal mit Abraumhalden und Schwemmflächen, in denen sich wohl kaum noch viel Leben regt. Wer auf einer kleinen Straßen weiter in das Tal vordringt, wird wahrscheinlich von zwar argwöhnischen, aber friedvollen Mopedfahrern beäugt und verfolgt. Fotografen mag man hier nicht…

🏠 **Ein engagierter Hotelier**
Germany (Akrogiáli)
Familie Sárris-Karaskósta ist in Olimbiáda zu Hause und strikt gegen den Goldabbau. Mit Dimítris, der ausgezeichnet Deutsch spricht, können Sie ausnahmsweise auch über das Thema sprechen. Im Hauptberuf Zivilingenieur, blickt er über die Tellerränder seiner Taverne hinaus. Die liegt direkt am Strand. Wer im gepflegten Hotel mit nur 16 Zimmern Halbpension gebucht hat, kann jeden Abend im hauseigenen empfehlenswerten Restaurant sein Mahl aus der gesamten Speisekarte frei zusammenstellen (kleiner Aufpreis für Fisch und Meeresfrüchte). Frühstück wird zu jeder Tageszeit serviert, Hunde sind willkommen. Die Familie betreibt auch das Hotel Liotópi am Ortsrand direkt am Meer.
Zwischen Dorfstraße und Uferstraße am südlichen Ortsanfang nahe dem Hafen, T 23 76 05 12 57, www.chalkidiki.de, DZ mit Halbpension im Mai 80 €, im August 90 €

ℹ️ **Infos**
Linienbusse: 2–8 x tgl. von/nach Thessaloníki Fernbusbahnhof KTEL Makedonías (Odós Giannítson 244, T 23 10 59 54 00, www.ktelthes.gr); Fahrzeit 1.45 Std., Fahrpreis 4,50 €. Keine Verbindung zu anderen Orten der Chalkidikí.

IN DER UMGEBUNG

Ein Dorf ohne Philosoph

Bis zum Beginn der Ausgrabungen auf der Liotópi-Halbinsel in Olimbiáda galt der Bauernweiler **Stágira** (▶ F 3; 370 Einw.) auf etwa 500 m Höhe an der Straße von Stratóni nach Arnéa als Geburtsort des berühmten Aristoteles. Im winzigen Dorfpark vor den Gemäuern einer Burg aus dem 16. Jh. wurde zu Ehren des Philosophen ein Denkmal errichtet, mit dem sich Touristen gern fotografierten. Als es seine Attraktion einbüßte, legte die Gemeinde einen interaktiven physikalischen Park an, in dem allerlei natürliche Phänomene spielerisch erklärt werden. Damit lässt sich sogar ein wenig Geld verdienen (Eintritt 2 €).

Aristoteles auf der Spur – **antikes Stágira**

Auch große Männer waren einmal klein. Der berühmte Aristoteles zum Beispiel verbrachte seine ersten Jahre im Dorf Stágira beim heutigen Olimbiáda. 384 v. Chr. erblickte er da das Licht der antiken Welt. Beide Elternteile waren Mediziner, der Vater sogar Leibarzt des makedonischen Königs.

Mit 17 Jahren ging Aristoteles nach Athen, um bei Platon zu studieren, mit 41 Jahren kehrte er nach Makedonien zurück. Philipp II. berief ihn als Erzieher seines Kronprinzen Alexander, den alle Welt bis heute als ›den Großen‹ tituliert, an seinen Hof in Pélla. Nach dem Tod des Philosophen 322 v. Chr. holten die Bewohner von Stágira seine Gebeine zurück und riefen ihm zu Ehren ein regelmäßiges Fest ins Leben, die *Aristotéleia*.

Archäologie und Naturerlebnis

Griechische Archäologen legen das antike Stágira, das Kolonisten von der Insel Ándros 655 v. Chr. gegründet hatten, seit 1990 auf der schmalen Halbinsel **Liotópi** frei. Nahe dem Hafen des heutigen **Olimbiáda** liegt der nördlichen **Eingang** **1** zum Ausgrabungsgelände. 30 m davon erhebt sich ein runder **Eckturm** der antiken Stadtmauer aus dem 5. Jh. v. Chr., die landseitig die gesamte Halbinsel abriegelt. Auf dem Hauptweg gelangen Sie zunächst zur antiken **Agorá** **2**, dem Hauptplatz der kleinen Stadt. Hier spielte sich das öffentliche, kommerzielle und kultische Leben ab. Farbtafeln mit Rekonstruktionszeichnungen zeigen, wie Häuser, Läden und die als Markthalle dienende Stoa aussahen. Sogar einige in den Boden eingelassene Vorratsgefäße sind, heute durch ein Dach geschützt, erhalten geblieben.

Ein schmaler Pfad führt durch ein kleines Wäldchen aus verwilderten Olivenbäumen und Steineichen in ca. fünf Minuten zur Südostspitze der Halbinsel. Im Gelände sind mehrfach Reste der antiken Wasserleitung zu sehen, ebenso wie Grundmauern von Wohnhäusern. Auch das **Hei-**

Das Ziel des menschlichen Strebens ist ein glückliches Leben, philosophierte der große Denker Aristoteles in der Nikomachischen Ethik. Diese Anleitung zum Glücklichsein erhalten Sie schon für 10 € als Reclam-Heft.

ligtum für **Demeter** 3, die Göttin des Getreides, und ihre Tochter Persephone ist nur noch an seinen Grundmauern zu erkennen.

Über breite Holzstufen geht es weiter zum höchsten Punkt des Südhügels mit der einstigen **Zitadelle** 4. Grandios ist der Blick auf die dichten Wälder des Cholomóndas-Gebirges und übers Meer bis hinüber zur Insel Thássos, die bei Kavála über 1000 m hoch aus der Ägäis aufsteigt.

Nahe der Agorá zweigt vom Hauptweg ein bemooster Pfad nach oben ab, der in vielen Stufen auf den Nordhügel und zur 2 m dicken und über 4 m hohen **Stadtmauer** 5 klettert. Sie bildet an ihrem höchsten Punkt ein Dreieck, das als **Akropolis** 6 bezeichnet wird und wohl als letzter Rückzugsort bei Angriffen dienen sollte. Ein Pfad senkt sich von hier zurück zum Eingang.

Bis heute wird das antike Stágira von Resten eines Steinwalls umschlossen. Die Mauern sind sorgfältig aus Kalksteinblöcken und Ziegeln gearbeitet. Ein Zementstreifen markiert die Grenze zwischen antikem Mauerwerk und einem von den Archäologen aus Originalsteinen ergänzten Teil.

Philosophen-Strände

Noch im Bereich des Ausgrabungsgeländes liegt auf der Südseite der Liotópi-Halbinsel der etwa 100 m lange, touristisch kaum genutzte Sandstreifen **Stágira Beach** 1. Highlife herrscht im Hochsommer hingegen am **Laguna Beach** 2 weiter südlich, den man auch mit dem Auto erreicht. Von diesem 200 m langen, bis zu 25 m breiten Sandstrand mit Beach Bar sind die Stadtmauern des antiken Stágira bestens zu sehen und zu fotografieren.

INFOS/ÖFFNUNGSZEITEN
Ausgrabungen: tgl. 8–15 Uhr, im Hochsommer evtl. bis 20 Uhr, Eintritt 3 €

KULINARISCHES FÜR ZWISCHENDRIN
Besser als in der Taverne **Germany** 1 (T 23 76 05 12 57, Ostern–Okt., Hauptgerichte ab 8€) an der Strandpromenade können Sie in Olimbiáda nicht essen. Auf den Tisch kommen typische griechische Spezialitäten. Drinks und Snacks werden auch am Strand serviert, wo Sie es sich in Liegestühlen bequem machen können.

Faltplan: F 2

Thessaloníki

Griechenlands zweitgrößte Stadt liegt direkt am Meer. Ihre Häuser ziehen sich einen sanften Hang hinauf bis zum mittelalterlichen Burgviertel, das noch vollständig von seinen alten Stadtmauern umschlossen ist. Über 100 000 Studierende sorgen für junges Leben und viele abendliche Musikevents, füllen unzählige Bars und Straßencafés fast rund um die Uhr. Traditionelle Märkte, internationale Messen und junge Geschäfte locken den halben Balkan an – Thessaloníki ist kosmopolitisch wie eh und je.

Thessaloníki 📖 A/B 2

Die geschäftige Regionalmetro-
pole am Thermäischen Golf zeigt
dem Besucher ein modernes und
weltoffenes Gesicht. Nach einem
katastrophalen Brand 1917 entstanden im historischen Zentrum
breite Alleen mit der Odós Egnatía
und der Odós Aristotélous als
Hauptachsen. Häuser mit aufeinander abgestimmten Fassaden
verleihen dem Stadtbild Charme.
Viele Fußgängerzonen, in denen
Pomeranzen gedeihen, und die
Uferpormenade sorgen für zusätzliche Attraktivität. Die Straßencafés sind zahlreich und gut besucht
– auch in der Krise.

AUF STIPPVISITE

Tagesbesucher aus den Badeorten
auf der Chalkidikí sollten sich auf die
Unterstadt konzentrieren, in der sich
das öffentliche Leben abspielt. An
einem halben Tag gehen Sie von der
Bushaltestelle Aristotélous auf der
Odós Egnatía über den Vláli-Markt
ins Ladádika-Viertel und weiter
zum Hafen. Von dort schlendern Sie
entlang der Uferstraße zum Weißen
Turm und unternehmen eine kurze
Bootsfahrt, bevor sie an der Uferpromenade wieder in den Bus einstei-
gen. Wer mindestens einen ganzen
Tag in Thessaloníki verbringt, geht
zunächst von der Bushaltestelle Aristotélous am Römischen Forum vorbei
zur Basilika Ágios Dimítrios. Danach
bummeln Sie über den Vláli-Markt,
schauen sich im Hafen um und flanieren über die Uferpromenade zum
Weißen Turm. Nun stehen entweder
das Byzantinische und Archäologische Museum oder Rotónda und
Galerius-Bogen auf dem Programm.
Über die Haupteinkaufsstraße
Egnatía geht es schließlich zurück zur
Platía Aristotélous.

ERST EIN WENIG GESCHICHTE?

Die heutige Hauptstadt der Provinz
Makedonien wurde erst 315 v. Chr. und
damit für griechische Verhältnisse relativ
spät gegründet. Anders als in Athen wird
Thessaloníki deshalb auch nicht von
der Antike dominiert. Älteste Spuren im
Stadtbild hinterließen die Römer, prägend
waren zunächst Byzanz und dann über
480 Jahre lang – von 1430 bis 1912 –
das Osmanische Reich. Noch vor 100
Jahren stellten Juden die größte Bevölke-
rungsgruppe in Thessaloníki, gefolgt von
Türken und Griechen. Bis zum Holocaust
galt die Stadt als Jerusalem des Balkans.
Die Spuren jüdischen Lebens sind jedoch
verwischt – der jüdische Friedhof mit über
einer halben Million Gräbern wurde nach
dem Zweiten Weltkrieg als Baugrund
für die Aristoteles-Universität respektlos
zerstört. Was an historischen Bauwerken
blieb, sind weit über ein Dutzend byzanti-
nischer Kirchen, geschmückt mit Fresken
und Mosaiken, türkische Moscheen,
osmanische Bäder, lange Abschnitte der
mittelalterlichen Stadtmauern und als
Wahrzeichen der Stadt der Weiße Turm.
Fürs Nachtleben gewinnen inzwischen
alte Industriebauten an Bedeutung:
Sie wandelten sich zu Diskotheken und
Konzertarenen. Laut der letzten Volkszählung 2011 kommt die Stadtgemeinde
Thessaloníki auf nur 325 182 Einwohner,
während in der Metropolregion über
1,1 Mio. Köpfe gezählt werden.

WAS TUN IN THESSALONÍKI?

Besuch beim Schutzpatron der Stadt
Direkt an der Bushaltestelle Aristotélous
steht das größte osmanische Bad auf
griechischem Boden, der 1444 erbaute
Bey Hamam 1. Er ist zwar nur geöffnet,
wenn gerade Kunstausstellungen stattfinden, ist aber auch eine bloße Umrundung
wert. Auf der weiten, parkartigen Platía
Dikastírion setzt etwas links oberhalb
die **Kirche Panagía Chalkéon 2** (tgl.
7.30–12 Uhr) aus dem 11. Jh. den christlichen Kontrapunkt. Sie war im Mittelalter

Antritt beim Stadtpatron – ganze Schulklassen erweisen dem hl. Dimítrios die Ehre.

die Andachtsstätte der Kupferschmiede, die in der Umgebung ihre Werkstätten hatten. Innen ist sie mit Fresken aus der Erbauungszeit geschmückt.

An das obere Ende des Platzes schließt sich jenseits der Odós Filíppou das Ausgrabungsgelände des **römischen Forums** 3 (tgl. 8–15 Uhr, Eintritt 4 €) aus dem 2. Jh. an. Wie modern die alten Römer waren, zeigt der **Kryptoporticus:** eine unterirdische Einkaufspassage. Achten Sie an der Kasse auf Plakate: Vielleicht findet im antiken **Odeon** abends ja gerade eine Theateraufführung oder ein Konzert statt.

In den angrenzenden **Thermen** wurde um 303 ein in Thessaloníki gebürtiger römischer Offizier namens Dimítrios hingerichtet, weil er seinen Mitbürgern das Evangelium predigte. Schon bald wurde er als Heiliger und Stadtpatron verehrt. In der zweiten Hälfte des 5. Jh. entstand über seinem vermeintlichen Grab die über 53 m lange und 33 m breite fünfschiffige **Basilika Ágios Dimítrios** 4 (Kirche ganztags geöffnet; Krypta Mo 12.30–18.30, Di–Fr 8–16.30, Sa 8.30–14.30, So 11–14.30 Uhr). Die Türken nutzten sie ab 1493 als Moschee. Nach einem Brand 1917 wurde die Basilika im alten Stil neu aufgebaut, wobei unversehrte

Gemäuer mit Mosaiken aus dem 7. und 9. Jh. einbezogen wurden. Hauptziele der vielen Pilger in der Kirche sind die unter einem marmornen Baldachin ruhenden Reliquien des Heiligen im linken Seitenschiff und die heute als Krypta genutzten Reste der römischen Thermen. Besonders stimmungsvoll ist deren Besuch, wenn zugleich osteuropäische Pilgergruppen anwesend sind: Die singen – im Gegensatz zu den Griechen – gern an heiligen Stätten.

Hinein ins pralle Leben

Wenden Sie sich von der Bushaltestelle Aristotélous dem Meer zu, tauchen Sie sogleich ins quirlige Leben der **Märkte Thessalonikis** (1–6 ▶ S. 80) ein. Anschließend bringt Sie die **Odós Venizélou** an vielerlei kleinen Geschäften vorbei zur **Platía Eleftherías,** die an den historischen Stadtteil **Ladádika** 5 grenzt. Das ehemalige Gewerbe- und Rotlichtviertel wurde in den 1980er-Jahren aufwendig und stilvoll restauriert und erinnert in seiner Farbigkeit ein wenig an Irland. In kleinen Häusern, ehemaligen Werkstätten und Lagerschuppen haben sich viele Cafés, Bars und Restaurants niedergelassen. Tagsüber kommen Besucher zum Fotografieren, abends zum Schlemmen und Schwatzen.

THESSALONÍKI

Sehenswert
1 Bey Hamam
2 Panagía Chalkéon
3 Römisches Forum
4 Ágios Dimítrios
5 Ladádika-Viertel
6 Filmmuseum/
 Fotomuseum
7 Staatsmuseum Zeit-
 genössischer Kunst
8 Platía Aristotélous
9 Weißer Turm
 (Léfkos Pírgos)
10 Uferpromenade
11 Museum der
 byzantinischen Kultur
12 Palast des Galerius
13 Galerius Information
 Centre
14 Galerius-Bogen
15 Rotonda
16 Kirche Agía Sofía
17 Eptapirgío (Zitadelle)
18 Ósios David
19 Taxiárchon
20 Ágios Nikólaos
 Orphanós
21 Kemal Atatürk
 Museum
22 Archäologisches
 Museum
23 Jüdisches Museum

In fremden Betten
1 Orestías Kastoriá
2 Kínissi Palace
3 Plaza Art
4 Electra Palace
5 Philippíon

Satt & glücklich
1 Bit Bazar
2 Ta Spáta
3 Takadum
4 Kitchen Bar
5 Grada Nuevo
6 Aristotélous
7 Terkénlis 1948
8 Makedonikó
9 O Foúrnos tis
 Kallithéas
10 Café Prínkipos

Stöbern & entdecken
1 Vláli-Markt
2 Kapáni
3 Modianó-Markthalle
4 Blumenmarkt
5 Bezesteni
6 Vatikióti-Markt
7 Odós Tosítsa
8 Access Fashion
9 Giánna Kazákou –
 Mocassíno
10 Studio 52
11 Ev Kárpo

12 Mediterranean
 Cosmos

Wenn die Nacht beginnt
1 Mégaro Moussíkis
2 Sinatra
3 Eight Ball
4 Block 33, Fix Factory
 of Sound, Mylos

Sport & Aktivitäten
1 Passagierboote
2 Bike It

Platía Terpsitheas 17 18 8 19

Moní Vlatadón

Athonos

Olympiádos

Theofílou

Akropóleos

Taxiárchis

Mouson

ANO PÓLI

Ministerium

Platía Kyprion Agoniston

Kassándrou

Dimitriou

Aristotélous

Sofokléous

Agias Sofias

Vlachava

Moréas 9

Platía Kallitheas

Irodotou 20

Agiou Dimitríou

Peloponnísou

Kassándrou

Olympiádos

10

Egnatia

Platía Dikastirion

Ágios Nikólaos

Agia Sofia

Leonída Iasonídou

21 M

s. Seite 89

5

Agia Theodora

Platía Makedono- machon

Agia Paraskevi

Agia Sofia 11

Agios Athanasios

(in Bau)

Platía Ag. Georgou 15

Keramopoulou

Makenzy King 16

Egnatia

Ágios Pantelímon

14

Panagía Dexiá

Agia Theodora 9

Ágios Grigorios Palamas

M

Tsimiski

Mitropóleos

Palaion Patron Germanoú

A. Svólou

Michail'i

Platía Syntrivánou

Panepistimioupoli Universität

13 M

Syntrivani

(in Bau)

Nikis

Melá Pavlou

Platía Navarínou 12

Nèa Panagía

Platía Fanarioton

10

Angeláki

Messegelände 12

Thermäischer Golf

Staatstheater

Nikolaou Germanou 9 M

Theatron

Platía CH.AN.TH.

Déspere

Leoforos Stratoú

22 M

3. Septemvriou

11 M

10

2 1

0   300 m

79

10

Märkte und Trödel –
Shopping in Thessaloníki

Über die Märkte von Thessaloníki weht noch ein Hauch von Orient. Zwischen die traditionellen Marktstände haben sich inzwischen auch zahlreiche kleine Tavernen gedrängt, die sich ganz der griechischen Küche verschreiben und sowohl mittags als auch abends einheimisches Publikum aller Generationen anziehen.

Das Filetstück unter den Märkten ist der offene **Vláli-Markt** 🛍, der unmittelbar westlich der Odós Aristotélous beginnt. Wer noch nicht gefrühstückt hat, holt sich gleich zu Beginn in der **Bäckerei Strátos** eine *píta,* die mit verschiedenen Füllungen angeboten wird: mit Pilzen oder Spinat, Landwurst oder Käse, Äpfeln oder Pudding. Zur herzhaften Teigtasche passen die *toursí,* die griechische Variante unserer Mixed Pickles, vom Stand nebenan.

Kein Anblick für Vegetarier

Für frisch gegrillte kleine Fleischspießchen oder die *biftéki* genannten griechischen Frikadellen sorgt wenige Schritte weiter an der ersten Marktgassenkreuzung der Imbiss **Kalegerópoulos.** Verweilen Sie mit einem Getränk zumindest einige Minuten an einem der Stehtische, um das Markttreiben zu beobachten. Gegenüber haben **Fleischer** tierische Körperteile liebevoll drapiert. Schweineherz liegt neben Schweineherzen, Rinderhoden neben Rinderhoden. Nackte Schafs- und Ziegenköpfe warten darauf, fürs Grillen eingekauft zu werden. Hackfleisch wird für jeden Kunden frisch durch den Wolf gedreht. Kaninchen tragen einen letzten Fellrest, um zu beweisen, dass sie zu Lebzeiten nicht miauten.

An einem benachbarten **Fischstand** herrscht Ordnung, wird klar zwischen Fischen aus dem offenen Meer und solchen aus Zuchtbetrieben unterschieden. Unmittelbar vor dem Stehimbiss versuchen meist fliegende **Schwarzhändler** unversteuerte Zigaretten stangenweise zu verhökern. Nähert sich ein Polizist, sind sie blitzschnell verschwunden.

Von Göttervater Zeus weiß die griechische Mythologie zu berichten, er habe auf einer mit Safran gefüllten Matratze geschlafen. Safran wird auch heute noch in Griechenland von etwa 700 Bauern bei Kozáni im Nordwesten des Landes angebaut. Bei den Gewürz- und Kräuterhändlern auf dem Vláli-Markt können Sie die Krokusfäden grammweise kaufen.

Lebensmittel und viele Dinge des täglichen Bedarfs kaufen die Thessaloniker im Marktviertel.

Tische statt Tischler

Weiter geradeaus gelangen Sie nach etwa 80 m zum **Kapáni** 🅰. In der Mitte eines kleinen, von niedrigen Gebäuden umstandenen Platzes steht dieser Bau mit vielen festen Ständen, an denen vor allem **Oliven** präsentiert werden. Schildchen geben auf Griechisch darüber Auskunft, aus welcher der vielen Anbauregionen des Landes sie stammen. Andere Händler bieten getrocknete **Kräuter** und allerlei Käse an, Nüsse, gedörrte Äpfel und Pflaumen.

Die fast 100 Jahre alte **Modiano-Markthalle** 🅱 wurde privatisiert und soll demnächst zum Gastro-Erlebnis umgestaltet werden. Durch sie hindurch führt der Weg zum **Blumenmarkt** 🅲 vor dem **Yachoudi Hamam,** einem ehemaligen osmanischen Dampfbad aus dem späten 15. Jh. mit zwei großen und 13 kleinen Kuppeln. Der **Bezesteni** 🅳 wurde von den Osmanen zur gleichen Zeit als Stoffmarkt errichtet. Unter seinen sechs Kuppeln haben sich jetzt vor allem Schmuckgeschäfte der unteren Preisklassen angesiedelt. Vielleicht finden Sie hier ja ein nicht essbares Souvenir.

Wer noch nicht genug von den Märkten hat, setzt des Bummel im **Vatikióti-Markt** 🅴 auf der anderen Seite der Odós Aristotélous fort. Noch vor 15 Jahren waren hier vor allem kleine Tischlereien angesiedelt. Heute hat sich der Markt in ein junges Szeneviertel mit vielen Tavernen und Ouzerien verwandelt. Ihretwegen sind jetzt Teile der alten Marktgassen erstmals überdacht.

Faltplan: Karte 3, B/C 2 | **Cityplan:** S. 78

ÖFFNUNGSZEITEN

Reges Markttreiben herrscht Mo–Sa von etwa 9 bis 13 Uhr.

KULINARISCHES FÜR ZWISCHENDRIN

Der Name sagt es: Im **Myróvolos Smírni** (Modiano-Markthalle 🅱, T 23 10 27 41 70, Hauptgerichte ab 8 €) atmen Sie den ›Wohlgeruch Smyrnas‹ ein und probieren die traditionelle griechische Küche der heute auf Türkisch Izmir genannten Stadt. Vor allem abends ist viel los. Dann ist häufig auch Livemusik zu hören, u. a. auch Rembétiko, der Sound der Flüchtlinge aus Kleinasien.

Ladádika schafft eine ideale Verbindung zur neuen Kulturmeile auf Pier 1 des **alten Hafens.** Die ehemalige **Lagerhalle A** **6** beherbergt jetzt ein **Filmmuseum** (Mo, Di, Do 9–15, Mi, Fr 9–19 Uhr, www.cinemuseum.gr, Eintritt 2 €) und ein **Fotomuseum** (Di–Fr 11–19, Sa 11–21 Uhr, www.thmphoto.gr, Eintritt 2 €), während **Lagerhalle B1** als **Staatsmuseum Zeitgenössischer Kunst** **7** (Di–So 11–19, Sa 11–20 Uhr, www.greekstate museum.com, Eintritt frei) genutzt wird. Am Pier herrscht Betriebsamkeit fast rund um die Uhr. Dazu trägt nicht nur die **Kitchen Bar** **4** bei. Viele Leute kommen einfach hierher, um den Blick auf die Uferfront und das Wasser zugenießen.

Immer am Wasser entlang

Vom Hafenpier zieht sich die viel befahrene **Odós Níkis** über 1 km am Ufer entlang bis zum Weißen Turm. Schon bald öffnet sich links der weitläufige Hauptplatz der Stadt, die elegante **Platía Aristotélous** **8**. Vom späten Vormittag bis weit in die Nacht hinein sind ihre edlen und teuren Straßencafés und -restaurants gut besucht. An kämpferischen Tagen enden alle Demonstrationen mit Kundgebungen auf dieser Platía – und die **Statue des Philosophen Aristoteles** schaut jedem Treiben gleichmütig zu. Östlich des Aristoteles-Platzes wird die Odós Níkis landseitig fast lückenlos von Cafés, Restaurants und Bars gesäumt. Abends

Wie überdimensionale Angelrouten muten die Ständer mit den 40 »Umbrellas« an, die ihre Farben je nach Wetter, Licht und Tageszeit verändern.

herrscht in ihnen stets Hochbetrieb. Der **Weiße Turm (Léfkos Pírgos)** **9** markiert die Südostecke der Stadtmauern des mittelalterlichen Thessaloníki. 1430 direkt am Meer als 35 m hoher Eckturm der einstigen Hafenmauer erbaut, birgt er jetzt ein modern gestaltetes **Museum der Stadtgeschichte** (April–Okt. tgl. 8–20, Nov.–März tgl. 9–16 Uhr, Eintritt 3 €), das fast ausschließlich mit audiovisuellen Präsentationen arbeitet. Ein Besuch lohnt aber vor allem wegen des phänomenalen Blicks vom Umgang auf dem obersten Turmgeschoss: Von dort oben schauen Sie auf die Stadt und das Meer, aus dem an klaren Tagen der 2918 m hohe Olymp aufsteigt.

Boot oder Bike?

Am Weißen Turm wird eine Entscheidung fällig: An Land bleiben oder erst mal hinaus aufs Wasser fahren? Kleine **Passagierboote** **1** warten von Mittags bis Mitternacht auf Fahrgäste für halbstündige Fahrten entlang des Ufers

ÜBRIGENS

Der alte **Hafen** von Thessaloníki ist heute als Warenumschlagsplatz ohne Bedeutung. Fast alle Schiffe, die draußen so malerisch auf Reede liegen, wollen in den modernen Containerhafen außerhalb der Stadt einlaufen. Wie die Schiffe heißen, woher sie kommen oder wohin sie fahren, verrät Ihnen die Website www.marinetraffic.com.

der historischen Stadt. Statt eines Tickets kaufen Sie ein Getränk (kleine Flasche Bier 6 €) und los geht's. Die Touren sind auch bei Einheimischen sehr beliebt, denn natürlich gibt's an Bord gute Musik. Hinter dem Weißen Turm beginnt die erst 2015 eingeweihte, völlig autofreie **Uferpromenade** 🔟. Die über 3 km lange sommerliche Flaniermeile der Metropole können Sie auch mit einem Leihrad von **Bike It** ❷ (Leof. Meg. Aléxsandrou 2, T 23 10 88 89 20, www.bikeitrentals. com, ab 3 €/Std.) erkunden. Spaziergänger gelangen in knapp 10 Minuten zur Installation **»Umbrellas«**, einem 1997 errichteten Werk von Geórgios Zongolópulos (1903–2004). Geschichtsinteressierte sollten unbedingt einen Besuch des nahen **Museums der Byzantinischen Kultur** (🔟 ▶ S. 84) einplanen.

Auf römischer Fährte

Nur 150 m nordwestlich des Weißen Turms beginnt an der Uferstraße die von vielen kleinen Geschäften und einfachen Cafés gesäumte **Odós Gounári.** Sie führt mitten durch die Römerzeit. Zunächst liegen linker Hand die Ruinen des **Palastes des Galerius** 🔢 (Platía Navarínou, Di, Mi 8–15 Uhr, Eintritt 2 €). Seine Ziegelsteinmauern sind noch bis zu 15 m hoch erhalten. Glasplatten im Boden geben den Blick auf Mauerreste und Mosaikfußböden von Villen aus der Zeit vor der Erbauung des Palastes frei, zahlreiche Info-Tafeln klären auf Englisch und mit sehr anschaulichen Rekonstruktionszeichnungen über Details auf. Etwas weiter wurden die Grundmauern der **Palastapsis** freigelegt und ein **Information Centre** 🔢 (Ecke Odós Gounári/Odós Svólou, Di–So 10–17 Uhr, Eintritt frei) eingerichtet, das einen Überblick über alle Bauten aus der Zeit des Kaisers Galerius gibt. Zu seinen Ehren wurde um 306 auch ein Triumphtor errichtet, von dessen ursprünglich vier Bögen nur der **Galerius-Bogen** 🔢 (Ecke Odós Gounári/Odós Egnatía) erhalten blieb. Geschmückt ist er mit recht groben Reliefs, die die Feldzüge des Imperators illustrieren.

Im Internet: http://galeriuspalace.culture.gr/en

Konkurrenz für Ravenna

In einer Achse mit dem Triumphtor erhebt sich die **Rotónda** 🔢 (tgl. 8–19, im Winter Di–Fr 8–17, Sa, So 8–15 Uhr, Eintritt 2 €). Den gewaltigen, dreistufigen Ziegelrundbau ließ Galerius Anfang des 4. Jh. wahrscheinlich als Mausoleum für sich selbst erbauen. Bescheidenheit war eben keine Charaktereigenschaft römischer Cäsaren. Als das Christentum Ende des 4. Jh. zur Staatsreligion erhoben wurde, gestaltete man die Rotónda in eine dem hl. Georg geweihte Kirche um. 1590 wurde aus dieser eine Moschee, von der noch das hohe, kürzlich restaurierte Minarett zeugt. Heute werden hier wieder mehrmals jährlich – außerordentlich stimmungsvolle – Gottesdienste gefeiert. Die gut erhaltenen und kürzlich restaurierten **Mosaike** in der Kuppel stammen aus der Zeit um 400, also aus der Übergangszeit zwischen antiker und frühmittelalterlicher Kunst. Sie stellen fünfzehn betende christliche Märtyrer in feierlichen Gewändern dar, die vor einer märchenhaft anmutenden Architekturkulisse mit Bögen und Giebeln, Baldachinen und Balkonen stehen. Edelsteine, Teppiche, Blumen, Fische und Pfauen zieren die

Die Augen zum Himmel! Die Mosaike in der Rotónda verlangen es. Wer ›weitsichtig‹ ist, hat ein Fernglas dabei.

Mittelalter in Hellas –
Byzantinisches Museum

Im gesamten Mittelalter gab es nur zwei konstante Größen: das römische Papsttum und das byzantinische Kaiserreich. Von Ersterem sind unsere Schulbücher voll, über Byzanz schweigen sie sich weitgehend aus. Im modernsten Museum Thessaloníkis haben Sie Gelegenheit, dieses einseitige Geschichtsbild zu korrigieren.

Nach westlichem Verständnis ging das Römische Reich um 480 in der Völkerwanderung unter. Dem ist aus griechischer Sicht keinesfalls so. Schon bald nach der Teilung des Römischen Reichs erhoben die Kaiser Ostroms, die in Konstantinopel (dem heutigen Istanbul) residierten, den Anspruch, die legitimen Nachfolger der römischen Kaiser zu sein. Ihre Untertanen nannten sich nicht Griechen, sondern Rhomäer. Während in Westrom die Errungenschaften antiker Kultur und Technik weitgehend verloren gingen, baute Ostrom, von der westlichen Wissenschaft als Byzanz bezeichnet, darauf auf. Das wird im ersten Teil des **Museums der Byzantinischen Kultur 11** sehr deutlich.

Architekturmodelle erklären den Aufbau frühchristlicher Kirchen.

Nach fast 950 Jahren Kirchenspaltung war Johannes Paul II. im Mai 2001 der erste Papst, der Griechenland besuchte. Im April 2016 kam bereits der zweite: Franziskus begab sich in ein Flüchtlingslager auf der Insel Lesbos.

Zeiten des Übergangs

Saal 1 hat die frühchristlichen Kirchen zum Thema. Man sieht, wie prunkvoll die Innenausstattung der Basiliken des 5./6. Jh. war. Mosaike und Reliefs präsentieren zwar kaum Darstellungen von Göttern und Menschen, dafür aber Vögel und Pflanzen in allerlei Variationen. In **Saal 2** geht es um frühchristliche Städte und deren private Wohnhäuser. Ein großflächiges Bodenmosaik aus der zweiten Hälfte des 5. Jh. beweist, dass die Mosaikkunst weiterlebte, auch wenn keine mythologischen Themen mehr dargestellt werden durften. Ausgestellt sind hier auch zahlreiche Werkzeuge von Maurern und Zimmerleuten des 4.–7. Jh., Äxte und Messer, Sicheln und Hacken. Von der Kleidung jener Zeit erzählen Knöpfe und

Gürtelschnallen, von der Freizeit der Menschen Würfel und Spielsteine.

Saal 3 ist der wohl eindrucksvollste des ganzen Museums. In gedämpftem Licht werden hier unter dem Motto ›Von den elysischen Feldern ins christliche Paradies‹ heidnische und christliche Bestattungsformen miteinander verglichen. Gräber und Grabkammern sind rekonstruiert, erhaltene Grabmalereien zeigen ab etwa dem 6. Jh. erstmals Szenen aus dem Alten und Neuen Testament.

Bürgerkrieg und neuer Glanz

Die kunstreiche frühbyzantinische Zeit, auf die die Antike noch viel Einfluss ausübte, ging im 7. Jh. zu Ende. Überfälle von Sarazenen und erste Angriffe moslemischer Heere auf das Byzantinische Reich waren eine Ursache, der bürgerkriegsähnliche Ikonoklasmos eine zweite. In diesem von 726–843 währenden bürgerkriegsähnlichen Kampf, der viele Zehntausend Tote forderte, ging es um die Rechtmäßigkeit der Bilderverehrung, also der Darstellung von Heiligen und biblischen Ereignissen auf Ikonen und Wandmalereien. Zahlreiche frühchristliche Ikonen und Wandmalereien gingen in dieser Zeit für immer verloren. In **Saal 4** sind einige Fresken aus jener Zeit zu sehen, die ganz demonstrativ nur Kreuze zeigen.

Aber die Bilderfreunde siegten, und während der nun folgenden Jahrhunderte erblühte die Ikonenkunst zu voller Blüte. Wie heute noch mussten sich die Maler dabei an eine im und gleich nach dem Bilderstreit entwickelte Bildertheologie halten, die ihnen wenig künstlerische Freiheit lässt. Darum sehen sich Ikonen immer wieder so ähnlich. Ein schönes Beispiel hängt in **Saal 10**: Die Darstellung der stillenden Maria. Die nährende Brust schaut nur winzig klein und völlig unnatürlich aus dem Gewand heraus. Es geht nicht darum, eine schöne Mutter beim Stillen darzustellen, sondern um die Aussage, dass im Jesuskind Gott wirklich Mensch geworden ist und deswegen auch wie jedes Menschenkind gestillt werden musste.

Faltplan: Karte 3, D 4 | **Cityplan:** S. 78

> ▶ **INFOS**

Zum Preis von 15 € (ermäßigt 8 €) können Sie innerhalb von drei Tagen Byzantinisches und Archäologisches Museum, Weißen Turm, römisches Forum und Galerius-Palast besuchen. Das **Sammelticket** ist an jeder der jeweiligen Kassen erhältlich.

INFOS/ÖFFNUNGSZEITEN

Museum of Byzantine Culture: Leofóros Strátou 2, T 23 10 86 85 70, www.mbp.gr, April–Okt. tgl. 8–20, Nov.–März tgl. 9–16 Uhr, Eintritt 8 €

KULINARISCHES FÜR ZWISCHENDRIN

Das Museumsrestaurant **The B.** (im Museum 11, T 23 10 86 96 95, www.brestaurant.gr, Café tgl. 8–20, Restaurant/Bar tgl. 12–1 Uhr) bietet klassisch-moderne Küche mit Niveau und über 60 griechische Weine. Für den kleinen Hunger gibt es eine griechische Käseplatte (15 € für 2 Pers.) und ein Glas Wein (4–6 €).

Unterhalb des Trigónios-Turms, der die Südflanke des Kastro absicherte, liegt Ihnen Thessaloníki zu Füßen.

Fassaden. In den Gewölben der Mauernischen zeigen die Mosaike geometrische Ornamente, Blätter, Blumen, Früchte und Vasen. An Schönheit sind sie den weitaus berühmteren Mosaiken aus Ravenna durchaus ebenbürtig, die allerdings etwa 150 Jahre jünger sind.

Die Cafés rund um die Rotónda sind mit Studenten gefüllt, die **Uni** ist nahe.

Zur heiligen Weisheit

Vom Galerius-Bogen führt die Odós Egnatía als Haupteinkaufsstraße der Stadt zurück zur Bushaltestelle Aristotélous. Für Kunstliebhaber lohnt auf dem Weg dorthin ein Abstecher zur **Kirche Agía Sofía** 16. Das der hl. Weisheit geweihte Gotteshaus wurde im 8. Jh. erbaut, im 9. und 12. Jh. mit Mosaiken ausgeschmückt. Bestens erhalten ist das große Mosaik in der Kuppel. Vor einem goldenen Hintergrund bilden die zwölf Apostel sowie die von Engeln flankierte Gottesmutter Maria einen Kreis. Die Figuren sind durch stilisierte Olivenbäume voneinander getrennt. In der Mitte der Kuppel tragen vier Engel den auf einem Regenbogen thronenden Christus in einer Aureole gen Himmel. Es ist wohl das schönste christliche Mosaik ganz Griechenlands.

Hinauf zur Zitadelle

Mit Stadtbus 23 gelangen Sie ab der Platía Eleftherías an der Uferstraße oder von der Haltestelle Ágios Dimítrios bequem hinauf ins **Kástro-Viertel**, das Byzantiner und Osmanen durch eine zusätzliche Mauer gegen den Rest der Stadt abschirmten. An seinem höchsten Punkt errichteten sie die **Eptapirgío** 17 (Mai–Okt. Di–So 8.30–19 Uhr, Nov.–April Di–So 8.30–15 Uhr, Eintritt frei) genannte Zitadelle als Sitz des Stadtkommandanten, die mit einer recht unschönen Phase der neueren griechischen Geschichte konfrontiert. Die Festung diente vom Ende des 19. Jh. bis sage und schreibe 1989 als Gefängnis. Die Chance, aus der Zitadelle ein Mahnmal zu machen, hat die Stadt allerdings verstreichen lassen. Sie können zwar den Innenhof betreten und vom ehemaligen Besucherraum aus das Terrain überblicken, doch Informationstafeln fehlen. Dass zur Zeit der Militärdiktatur von 1967 bis 1974 hier auch gefoltert wurde, erfährt der Besucher nicht. Anschließend erleben Sie bei einem Bummel durchs Kástro-Viertel und die **Oberstadt** 18 – 21 ▶ S. 88), Thessaloníkis verborgene Schätze.

MUSEEN, DIE LOHNEN

Makedonien in der Antike
Das **Archäologische Museum** `2.2` der nordgriechischen Metropole nimmt an Bedeutung nur einen mittleren Tabellenplatz unter den großen griechischen Museen ein. Ohne besonderes Interesse an der Antike muss man es bei Zeit- oder Lustmangel nicht unbedingt gesehen haben. Es zeigt Funde aus ganz Makedonien mit Ausnahme derer, die in den Königsgräbern von Vergína (▶ S. 98) gemacht wurden. Am monumentalsten ist die 2,48 m hohe marmorne Tür eines makedonischen Grabes mit Bronzenägeln und -beschlägen (4. Jh. v. Chr.), am schönsten der Krater von Dervéni aus dem späten 4. Jh. v. Chr. In dem 91 cm hohen Prachtkrug aus Bronze wurden bei Gastmählern Wasser und Wein gemischt. Reliefdarstellungen zeigen vier kleine bärtige Köpfe und vielerlei Tiere wie Panther, Löwe, Greif und Hirsch. Große, sehr erotisch anmutende Reliefs erwecken zwei verliebte Paare zum Leben. Auf den Schultern des Kraters sitzen zudem vier vollplastische Figuren.
Platía Chanth, Nov.–März tgl. 9–16, April–Okt. tgl. 8–20 Uhr, Eintritt Sommer 8 €, Winter 4 €

Mutter Israels
Als die deutsche Wehrmacht im April 1941 in Thessaloníki einmarschierte, lebten noch 50 000 Juden in der Stadt. 46 000 von ihnen wurden 1943/44 in deutsche Vernichtungslager deportiert, nur etwa 10 000 überlebten den Holocaust. Heute wohnen in Thessaloníki wieder etwa 1000 griechische Bürger jüdischen Glaubens. Das **Jüdische Museum** `2.3` in einem großen Stadthaus von 1906 erinnert mit vielen Fotos, Originaldokumenten und -objekten sowie ausführlichen Schrifttafeln auf Englisch an die Bedeutung des Judentums für die Stadt, die bis Anfang des 20. Jh. von Juden in aller Welt als ›Mutter Israels‹ bezeichnet wurde. Besonders eindrucksvoll sind die vielen Fotos aus den vier Jahrzehnten vor dem Zweiten Weltkrieg, die das Alltagsleben jener Zeit anschaulich machen. Gute Erklärungen gibt es für den Besucher auch über Audio-Guides, deren Anschaffung und Entwicklung von der Bundesrepublik Deutschland finanziert wurde.
Odós Agíou Miná 13, T 23 10 25 04 06, www.jmth.gr, Mo–Fr 10–15 Uhr, Mi auch 17–20 Uhr, So 10–14 Uhr, Eintritt 4 €

SCHLAFEN, SCHLEMMEN, SHOPPEN

 In fremden Betten

Unter Pilgern
Orestías Kastoriá `1`
Rezeption und Lobby sind winzig, der Frühstücksraum liegt im Souterrain, einen Lift gibt es in dem dreigeschossigen Bau aus der Vorkriegszeit nicht. Die 37 Zimmer sind schlicht, die Preise sehr günstig. Aber nicht nur deshalb wohnen hier besonders gern Priester mit und ohne Familie, Mönche und Áthos-Pilger. Das Hotel liegt vor allem ganz nahe an der Hauptkirche der Stadt, Ágios Dimítrios. Die Mitarbeiter sind ausgesprochen freundlich und hilfsbereit, nur Parkplätze gibt es weit und breit kaum. Bis zur Haltestelle Aristotélous an der Odós Egnatía läuft man ca. fünf Minuten, der Bus ins Kástro-Viertel hält zwei Minuten entfernt. Wenn's interessiert: Hier wohne ich am liebsten, wenn ich in der Stadt bin!
Odós Agnóstou Stratiótou 14/Odós Ólimbou, T 23 10 27 65 17, www.okhotel.gr, DZ ganzjährig ab ca. 50 €

HÖRTIPP

Die traditionelle Volksmusik der sephardischen Juden Thessalonikís mit 17 Liedern in ihrem spanischen Dialekt erweckt Savina Yannatou auf ihrer CD **Primavera en Saloniki – Songs of Saloniki** zum Leben. Im Internet können Sie in die Songs mit einer Gesamtspieldauer von 67 Minuten auch hineinhören (z. B. www.mediamarkt.de).

 # 12

Eine andere Welt –
Thessaloníkis Oberstadt

Erst ein Spaziergang durch die Oberstadt von Thessaloníki offenbart den ganzen Reiz der nordgriechischen Metropole. Ruhe und fast schon ländliche Atmosphäre prägen die Gassen, die meist im typisch makedonischen Stil erbaute Wohnhäuser säumen. Hier können Sie leicht vergessen, in einer Großstadt zu sein.

Die gesamte Oberstadt, die **Áno Póli,** die nördlich der Rotónda von der Odós Agíou Dimitríou zur Zitadelle emporsteigt, ist größtenteils noch von ihrer byzantinischen Stadtmauer umgeben. Im Gassengewirr dienen Kirchen aus verschiedenen Epochen als Orientierungspunkte. Fragen Sie jedoch ruhig immer mal wieder Passanten, ob Sie noch auf dem richtigen Weg sind!

Versteckte Idylle

Erstes Ziel ist die verborgen gelegene **Kirche Ósios Davíd** 18 aus dem 5./6. Jh. Das winzige Gotteshaus des alttestamentarischen Königs David steht am Rand einer kleinen Terrasse mit schöner Aussicht über die Stadt. In alten Käse- und Olivenölkanistern gedeihen Pflanzen, griechische und gelb-schwarze byzantinische Wimpel flattern zwischen Zypressen, Plätze laden zum Verweilen ein. Die Türken rissen Teile der Kirche ein und übertünchten das frühchristliche Apsismosaik aus der Zeit um 500. Nur so konnte das ungewöhnliche Motiv, das Christus als jungen, bartlosen Mann in einer Aureole auf einem Regenbogen zeigt, die Jahrhunderte unversehrt überdauern.

Im Gassengewirr

Weiter geht es Gassen auf und ab an schönen alten und neu im traditionellen Stil errichteten Wohnhäusern vorbei zur zweigeschossigen, den Erzengeln geweihten **Kirche Taxiárchon** 19. Die Hauptkirche oben ist meist verschlossen, die Unterkirche ein ganztags geöffnetes Pilgerziel. Gleich

---

LESESTOFF

Die Geschichte Griechenlands und des Balkans in der Neuzeit sind das Spezialgebiet des britischen Autors Mark Mazower. Mit seinem 2004 erschienenen Werk **Salonica, City of Ghosts: Christians, Muslims and Jews 1430–1950** hat er ein Standardwerk zur Stadthistorie Thessaloníkis geschrieben. Auch als preiswertes Taschenbuch erhältlich.

rechts vom Eingang liegen gedruckte Zettel aus, auf denen Gläubige Wünsche an die wundertätigen Heiligen niederschreiben können. Auf der Marienikone an der Ikonostase steht ein Wecker, davor ein Telefon; Lichtschalter sind auf Heiligendarstellungen montiert. Nichts ist hier geschönt, alles spricht von lebendigem Volksglauben und unbedarftem Umgang mit dem Sakrosankten.

Durch die Straßen Moréas und Amphitryónos wird Ihnen der Duft frischer Backwaren den Weg zu **O Foúrnos tis Kallithéas** 9 weisen. Lassen Sie sich verführen, genießen können sie das Gebäck im lauschigen Kichengarten von **Ágios Nikólaos Orphanós** 20. Im Innern überrascht das byzantinische Kirchlein mit fast 700 Jahre alten Fresken. Auf der Rückseite der Kirche bringt Sie die Odós Apóstolou Pávlou wieder in die Unterstadt. Kurz vor Erreichen der Odós Agíou Dimitríou liegt rechts das **Kemal Atatürk Museum** 21. In diesem Haus wurde der Begründer der modernen Türkei 1881 geboren.

Eine Opferkerze kann Dank und Bitte zugleich sein. Sie flackern in allen Andachtsstätten. Stellen Sie ruhig auch eine auf, schaden kann's nicht!

INFOS/ÖFFNUNGSZEITEN

Anfahrt: Stadtbus 23 von der Platía Eleftherías zur Haltestelle Anastrafí, Fahrzeit ca. 10–20 Min.
Kirchen: Ósios Davíd 18, Odós Fotíou, Mo–Sa 9–12, 17–19 Uhr; **Taxiárchon** 19, Odós Theotokopoulou 40, tgl. 8–19 Uhr; **Ágios Nikólaos Orphanós** 20, Irodotou 1, Di–So 8.30–15 Uhr
Geburtshaus Kemal Atatürks 21: Odós Apóstolou Pávlou 75, tgl. 10–17 Uhr, Eintritt frei

KULINARISCHES FÜR ZWISCHENDRIN

Die Terrasse des **Makedonikó** 8 (Odós Sikiés 23, Di–So ab 10 Uhr, Hauptgerichte ab 5 €) gegenüber dem Stadttor an der Odós Palamídou ist den ganzen Tag über Treffpunkt der Einheimischen, das Essen ist bodenständig, simpel und schmackhaft.
O Foúrnos tis Kallithéas 9: Odós Irodótou 25, tgl. 8–13 Uhr

Im **Café Prínkipos** 10 (Odós Apóstolou Pávlou 22, tgl. 9–2 Uhr) können Sie sich gut vom Gassengewirr der Áno Póli erholen.

Sehen und Gesehenwerden lautet das Motto in den Straßencafés an der eleganten Platía Aristotélous.

Erschwingliche Nostalgie
Kínissi Palace ❷

Von seinem Erbauungsjahr 1924 an bis 1960 hieß das Hotel ›Modern‹. Inzwischen steht das Gebäude unter Denkmalschutz. Das Interieur wurde erneuert, versprüht aber immer noch den streifen- und blumenreichen Charme der Gründungszeit. Wer wissen möchte, was Oma als modern empfand, quartiert sich hier zu einem recht günstigen Preis ein.
Odós Egnatía 41/Ecke Odós Singroú, T 23 10 50 80 81, www.kinissipalace.gr, DZ im Sommer ab ca. 60 €

Für Nachteulen ideal
Plaza Art ❸

In diesem modernen Design-Hotel wohnen Sie mitten im Nightlife-Viertel Ladádika und damit sehr zentral. Alle 41 Zimmer sind sehr individuell mit moderner Kunst gestaltet, die Bettenvariationen reichen vom Himmel- bis zum Rundbett. Zum guten Frühstück gehört hier meist auch ein ›Kiss Loren‹. Gemeint ist damit Quiche Lorraine.
Odós Pagéou 5, Ladádika, T 23 10 52 01 20, www.hotelplaza.gr, DZ ab 65 €

Luxus mittendrin
Electra Palace ❹

Kein anderes Hotel Thessaloníkis ist so gut ins historische Stadtbild eingepasst wie dieses klassische Luxushotel direkt am Aristoteles-Platz. Der Pool auf dem Dach, der Spa-Bereich mit Innenpool und die Lounge-Bar mit Kamin sind allein schon die Buchung wert. Das Frühstück wird im Dachgarten-Restaurant serviert, die kleinsten der 138 Zimmer sind immerhin noch 24 m² groß.
Platía Aristotélous 9, T 23 10 29 40 00, www.electrahotels.gr, DZ ab 130 €

Oase im Grünen
Philippíon ❺

Eine extreme Alternative zum Wohnen in der City bietet das viergeschossige Hotel im Stadtwald oberhalb von Thessaloníki. Von den 87 klassisch-elegant möblierten Zimmern aus schweift der Blick über Bäume und die Stadt aufs Meer, Pool und Caféterrasse sind auch bei einheimischen Stadtflüchtigen sehr beliebt. Ein kostenloser Shuttle-Bus verbindet das Haus bis in die Nacht hinein mit der Platía Agías Sofías im Zentrum. Wer mit dem Auto unterwegs ist, erspart sich mit Buchung dieses Hotels das Herumkurven in der City, da es nahe der Umgehungsautobahn liegt, und die Parkplatzsuche.
Seich Sou Forest, Exit No. 7 Ring Road, T 23 10 20 33 20, http://philippion.gr, DZ ab 55 €

· ·

 Satt & glücklich

Unter Studenten
Bit Pazar ❶

Unter dem offiziellen Namen **Prosfigikís Agorá** war der kleine Platz inmitten niedriger Häuser in den späten 1920er- und in den 1930er-Jahren der ›Flüchtlingsbazar‹. Heute ist er abends Treffpunkt vor allem junger Leute. In mehreren Bars werden zu Wein, Bier, Oúzo und Tresterschnaps *mezedákia* serviert, gute Tavernenkost und frischen Fisch gibt es im Restaurant Bit Pazar.
Prosfigikís Agorá 32–34, T 23 10 26 88 86, tgl. ab 12 Uhr, Hauptgerichte ab 7 €

Für mittags
Ta Spáta ❷

Das moderne SB-Restaurant ist ein exzellenter Platz für eine schnelle Mittagspause. Man sieht, was man alles essen kann, das Angebot reicht vom Gýros und Grillhuhn bis zu Gemüseaufläufen und vielerlei Salaten. Sitzen kann man drinnen und draußen. Sie bestellen drinnen, Essen und Trinken wird dann serviert. Nicht romantisch, aber sehr effektiv und preiswert obendrein.

Odós Aristotélous 28, T 23 10 27 74 12, Mo–Sa ab 10 Uhr, Hauptgerichte ab 6 €

Schrille Farben
Takadum ❸

Taverne Kunterbunt wäre kein unpassender Name für dieses Szenelokal im Ladádika-Viertel, wo ganz traditionelle Wirtsleute ziemlich traditionelles Essen in äußerst unkonventioneller Umgebung servieren. Das gefällt auch der städtischen Jugend.

Odós Agíou Miná 1, Ladádika, T 23 10 51 20 79, tgl. ab 12 Uhr, Hauptgerichte meist 7–12 €

Schönster Blick
Kitchen Bar ❹

Modernes Design auf zwei Etagen eines alten Lagerhauses am Hafen, Tische und Stühle direkt auf dem Kai. Das ganze Zentrum Thessalonikis vor Augen, Seitenblicke auf den Olymp. Drinks und Cocktails aus aller Welt, Fusion Cuisine. Kein Wunder, dass man hier manchmal einige Zeit warten muss, bis man draußen einen Tisch ergattert!

Lagerhaus B2, alter Hafen, T 23 10 51 20 79, tgl. ab 9 Uhr, Hauptgerichte meist 8–20 €

Hinter klassizistischer Fassade
Grada Nuevo ❺

Die feine kreative Küche des Gourmetrestaurants legt den Schwerpunkt auf Fisch, Meeresfrüchte und Kalb. Die Weinkarte listet einige der besten griechischen Weine. Gelegentlich erfüllen Liveklänge von Klavier und Saxophon den modern gestylten Gastraum.

Odós Kalapotháki 14/Ecke Odós Kimnínon, T 23 10 27 10 74, www.gradanuevo.gr, tgl. ab 12 Uhr, typisches Menü ca. 35–50 €

Allzeit-Klassiker
Aristotélous ❻

Die renommierteste Ouzéri der Innenstadt verbirgt sich in einem kleinen Innenhof an der Hauptflaniermeile der Stadt, ist aber leicht zu übersehen. Das Angebot an kleinen Gerichten, sogenannten *mezedákia,* von denen man sich eine Auswahl bringen lässt, ist riesengroß. Auch Fischgerichte und Meeresfrüchte gehören dazu. Exzellent ist die Auswahl an griechischen Käsesorten.

Platía Aristotélous 8, Mo–Sa 12–24, So 12–17 Uhr, *mezedákia* 4–16 €

Einfach köstlich, das Mandelgebäck!

Süßes Makedonien
Terkénlis 1948 ❼

Die größte Patisserie der Stadt betreibt zahlreiche Filialen, doch nur wenige haben Sitzplätze. Griechen nehmen Süßens nämlich meist mit nach Hause. Bei Terkénlis nahe der Agía Sofía können Sie aber sowohl drinnen als draußen rasten. Das Traditionsgebäck ist *tsouréki,* eine Art handgefertigter, relativ trockener Hefezopf, überzogen mit heller oder dunkler Kuvertüre. Lecker sind auch die kleinen Mandelbögen, wie Shrimps *garídes* genannt, die hausgemachten Trüffel und die *milopitákia stroízel,* mundgerechte Happen eines Apfelkuchens mit Streuseln.

Platía Agías Sofías 33/Ecke Odós Ermoú, T 23 10 24 48 77, tgl. 6–24 Uhr

 Stöbern & entdecken

Trödel und Antiquitäten
Odós Tosítsa ❼

Ein wenig Flohmarktatmosphäre verbreiten die kleinen Trödlerläden in der Odós Tosítsa, in denen man auch so manch alte Objekte findet, die gut ins Handgepäck passen. Am meisten Betrieb herrscht hier am Samstagvormittag.

Frauenversteher
Access Fashion
Die Modedesigner der im Jahr 2000 gegründeten Firma bei Thessaloníki präsentieren jährlich zwei Kollektionen mit fast 500 neuen Artikeln. Ihre Linie ›Access‹ gibt sich eher klassisch. Das Label ›Spell‹ wendet sich an romantische Mädels und Frauen. ›Eight‹ zielt auf furchtlose, aber verspielte Frauen, die rund um die Uhr arbeiten. Die Homepage vermittelt einen guten Überblick über das Angebot an Damenbekleidung und Accessoires.
Odós Mitrooleos 43, www.accessfashion.gr

Coole Schuhe
Giánna Kazákou – Mocassíno 🟢
An den Füßen zeigen Griechinnen besonders viel Mut. Den fördert der attische Schuhfabrikant Mocassíno im ganzen Land. Vom Stiefel bis zum High Heel reicht die extravagante Palette zu günstigen Preisen.
Odós Tsimíksi 58

Musikalische Fundgrube
Studio 52 🔟
Der äußerlich unscheinbare Laden ist einer der größten und wohl der beste griechische Plattenladen. Alles, was die griechische Musik zu bieten hat, ist hier zu finden. Der angeschlossene Online-Shop zählt weltweit über 30 000 Kunden.
Odós Dimitríou Gounári 4

Alles zum Backen und Knabbern
Ev Kárpo 🔟
Nüsse, Kräuter, Gewürze und viele andere Zutaten, die man zum Backen braucht, werden hier ansprechend präsentiert. Auch kleine Snacks als Reiseproviant sind erhältlich.
Odós Agías Sofías 42

Shopping Mall
Mediterranean Cosmos 🔟
Im größten und modernsten Shopping-Komplex Nordgriechenlands finden Sie mehr als 200 Geschäfte aller Art unter einem Dach. Über ein Dutzend Läden bieten Schuhe an, über 50 Lady's Fashion von Zara bis Ulla Popken, von Mexx bis Madonna. Über 30 Restaurants, Fast Food-Filialen und Cafés, mehrere Kinos und eine Bowlingbahn bieten weitere Zerstreuung – und eine griechisch-orthodoxe Kirche ist natürlich auch integriert.
An der Umgehungsautobahn, km 11 Thessaloníki – Kassándra, www.medcosmos.gr

. . . .

✴ Wenn die Nacht beginnt

Eher klassisch
Mégaro Moussíkis ✴
In der modernen Konzerthalle direkt am Meer am östlichen Ende der Uferpromenade werden mehrmals wöchentlich Konzerte, Opern, Ballett und griechische Musik vom Feinsten präsentiert.
Odós 25is Martíou, T 23 10 89 59 38, www.tch.gr

Auch in den Tavernen der Großstadt ist griechische Musik zu hören. Da dürfen die Klänge der Bouzoúki nicht fehlen.

Ungewöhnliche Cocktails
Sinatra ✷

Die Espresso & Wine Bar ist von 7 Uhr morgens bis weit nach Mitternacht ein Anlaufpunkt der nicht verarmten Szene. Im super gestylten Interieur werden ungewöhnliche Kaffee-Cocktails kreiert. Viele griechische Weine können Sie hier auch glasweise bestellen. Ein Stolz des Hauses ist die große Auswahl an Malt Whiskys. Von Nordeuropäern besonders gelobt wird an kalten Abenden der Irish Coffee. Kleine Speisen listet das Bistro Menu auf.

Odós Mitropoleos 20/Ecke Komnínon, T 23 10 22 37 39, tgl. 7–4 Uhr

Besonders zentral
Eight Ball ✸

Das Lokal im Ladádika-Viertel ist Disco und Live Stage zugleich.auf dem Programm stehen vor allem Metal, Rock, Alternative und Gothic.

Odós Pindoú 1, T 69 37 17 64 90, www. eightballclub.gr

Neues Leben in alten Hallen
Partyviertel ✹

Im ehemaligen Bezirk der Schlachthöfe verwandelte **Block 33** (Odós 26is Oktovríou 33, Paliá Sfagiá, T 23 10 53 35 33, www.block33.gr) eine alte Gerberei von 1907 in eine Konzertarena mit zwei Bühnen. In der unmittelbaren Nachbarschaft wird in der **Fix Factory of Sound** (Odós 26is Oktovríou 15, T 23 10 50 06 70, www.fixfactoryofsound.gr), der neuesten Live Stage der Stadt in einer ehemaligen Brauerei, jede Art moderner Musik gespielt – ob griechisch oder international. Eine ehemalige Getreidemühle bietet dem Kulturzentrum **Mylos** (Odós Andréou Georgíou 56, T 23 10 55 18 36, www.mylos.gr) genügend Platz für Jazz und Disco, zwei Konzertsäle und eine große Freiluftbühne sowie für Kunst- und Fotoausstellungen.

❶ Infos und Termine

Tourist-Information: Das Büro ist den Sparmaßnahmen zum Opfer gefallen. Gelegentlich öffnet ein Info-Kiosk auf der Platía Aristotélous.

Schneller als am neuen Berliner Flughafen kommen die Arbeiten an der ersten **U-Bahn-Linie** Thessalonikís voran. 2009 haben sie begonnen, 2016 sollten die ersten von 18 Zügen über die 9,6 km lange Strecke rollen. 2020 wird es nun wohl werden – eine vergleichsweise geringe Verzögerung. Die bei Hitachi in Neapel gebauten Züge werden ohne Fahrer unterwegs sein. Die heute hohen Arbeitslosenraten waren bei der Bestellung 2009 wohl noch nicht absehbar. Eine Website informiert Sie über die Baufortschritte (www.amatero.gr).

Offizielle Website der Stadt: www. thessaloniki.gr (engl., wenig hilfreich).
Messekalender: www.helexpo.gr. Bei Messen explodieren die Hotelpreise, insbesondere bei der Handelsmesse (acht Tage im Sept.) und der Touristik-Messe Philoxenia (drei Tage im Nov.).
Parken: Plätze im Zentrum sind rar und extrem teuer. Am besten parken Sie daher auf dem IKEA-Großparkplatz nahe dem Flughafen.
Stadtbusse: http://oasth.gr. Zur zentral gelegenen Haltestelle Aristotélous auf der Odós Egnatía mit Stadtbus Nr. 78 ab Busbahnhof oder Flughafen, mit Nr. 3 ab dem IKEA-Großparkplatz.
Internationales Dokumentarfilm-Festival: Zehn Tage im März, www.filmfestival.gr.
Internationales Gitarren-Festival: Fünf Tage im März, www.igft.gr.
Street Art Festival: Drei Tage im Juni, www.streeetartfestivalthessaloniki.com.
Thessaloniki Pride: Juni, www. thessalonikipride.com.
Thessaloníki Biennale of Contemporary Art: In ungeraden Jahren im Sept., www.thessalonikibiennale.gr
Internationales Filmfestival: Elf Tage im Nov., www.filmfestival.gr.

Höhepunkte des Nordens

Ihnen steht der Sinn nach mehr als Großstadt und Stränden? Das griechische Makedonien ist ein verkanntes Rundreiseland für alle, die der Geschichte und Kultur Griechenlands auf die Spur kommen wollen. Hier können Sie aber nicht nur antike Stätten, sondern auch das heutige Hellas fernab der gängigen Touristenzentren und faszinierende Landschaften wie das Felslabyrinth im Tal des Piniós entdecken. In Makedonien ist immerhin fast ein Viertel aller Griechen zu Hause!

Makedonische Königsstädte

📖 Karte 2, B 1–3

Makedoniens König Philipp II. setzte der griechischen Kleinstaaterei ein Ende, sein Sohn Alexander schuf ein Weltreich. Beide hatten keine feste Residenz, sondern zogen, so wie früher deutsche Kaiser von Pfalz zu Pfalz reisten, von Palast zu Palast. In Pélla wurde Alexander geboren, in Vergína sein Vater ermordet. In Díon opferte Alexander zum letzten Mal Zeus auf heimischen Boden, bevor er gen Asien aufbrach.

Am Geburtsort des Feldherrn

Nur ein kleiner Teil des einst riesigen, heute von einem Zaun umgebenen Stadtareals des antiken **Pélla** (📖 Karte 2, B 1; Mai–Aug. tgl. 8–20, Sept., Okt. tgl. 8–19, Nov.–April Di–So 8.30–15 Uhr, Museum Mai–Okt. Mo erst ab 13.30 Uhr, Eintritt 8 €), wo Alexander 356 v. Chr. geboren wurde, ist bisher freigelegt und für Besucher zugänglich. Gleich nördlich der viel befahrenen Straße nach Édessa sind zunächst die Grundmauern mehrerer großer **Villen** zu sehen. In einigen hinterließ man die Bodenmosaike aus weißen, schwarzen, roten und gelben Kieselsteinen. Zu erkennen sind Darstellungen der schönen Helena, einer Gruppe kämpfender Amazonen und einer Hirschjagd. Im Norden dieses vornehmen Wohnbezirks schließt sich die 200 x 250 m weite Fläche der **Agorá,** des einstigen Marktplatzes, an. Der auf dem Hügel gelegene **Palast** ist noch nicht für Besucher freigegeben. In der Nordostecke des Grabungsgeländes wurde 2009 aber ein neues **Archäologisches Museum** eröffnet, das Fundobjekte aus neolithischer bis römischer Zeit präsentiert. Zu sehen sind u. a. die Rekonstruktion einer der Adelsvillen von Pélla und einige besonders schöne Mosaike vom Ende

des 4. Jh. v. Chr., also in etwa aus der Zeit kurz nach Alexanders Tod. Sie beeindrucken durch ihre Lebendigkeit. Dargestellt sind u. a. ein Greif, der einen Hirsch schlägt, zwei mit einem Löwen kämpfende Männer und der auf einem Panther reitende Gott des Theaters und des Weins, Dionysos. Sie stammen aus dem Haus des Dionysos, das im Ausgrabungsgelände durch seine sechs wieder aufgerichteten Säulen auffällt. Im Museum steht auch ein Modell dieser hellenistischen Villa.

Der Stolz aller Griechen

Die Entdeckung des Grabs von Philipp II. in **Vergína** (📖 Karte 2, B 2; ▶ S. 98) war eine Sensation. Für die Errichtung des Museums wurden keine Kosten und Mühen gescheut. Abgesehen von aller Kunst und Historie ist der Besuch auch ein großes emotionales Erlebnis – immerhin lagen die Gräber über 2000 Jahre lang unberührt unter der Erde.

Zeus ganz nah

Dass die Makedonen trotz aller Nichtbeachtung durch Perikles & Co Griechen waren, zeigt sich beim Dorf **Díon** (📖 Karte 2, B 2/3). Es liegt zwischen Baumwoll-, Tabak- und Zuckerrübenfeldern, Kiwi-Hainen und Okraschoten-Pflanzungen am Fuß des 2918 m hohen Olymp. Der galt ja als Wohnsitz der griechischen Götter und war für Menschen tabu. So errichteten die Makedonen Göttervater Zeus ein Heiligtum in der Ebene vor dem Gebirgsmassiv. Wahrscheinlich brachte ihm hier Alexander noch einmal ein großes Opfer dar, bevor er zu seiner Welteroberung aufbrach. Im parkähnlichen **Grabungsgelände** (April–Sept. 8–20, Okt. 8–18.30, Nov.–März tgl. 8–15 Uhr, Eintritt 8 €) sind jedoch überwiegend Ruinen aus römischer und frühchristlicher Zeit zu sehen, darunter auch die einer großen Gemeinschaftslatrine. Besonders romantisch ist das Areal eines **Heiligtums für die ägyptische Göttin Isis.** Es wird häufig von einem nahen Bach überspült, was zwar den Archäologen missfällt, aber den Fotografen um so mehr. Säulen liegen frei herum, auf einem

Sockel steht die kopflose Statue der seit Alexanders Zeiten auch in Griechenland verehrten ägyptischen Göttin.

Das **Archäologische Museum** erzählt auch ein wenig Technikgeschichte. Es birgt die mit über 1800 Jahren älteste hydraulische, also mit Wasser betriebene Orgel der Welt sowie einen antiken Stoßdämpfer für einen herrschaftlichen Wagen. Anschaulich wird die Fertigung von Mosaiken und das Badeleben in einer römischen Therme erklärt.

⌂ Nix drumrum
Ístron

Ein modernes, isoliert in der Landschaft stehendes Haus mit 39 Zimmer und fünf Suiten, teilweise mit Blick zum Olymp und qualitativ hochwertiger Einrichtung. Die Inhaberin spricht Deutsch.

Pélla, an der Straße von Néa Pélla nach Giannitsá, T 23 82 03 30 70, www.istron-hotel.gr, DZ Ü/F ca. 50–60 €

⌂ Gepflegt familiär
Evridikí

Moderne Pension mit acht hochwertig möblierten Zimmern. Hier können Sie Deutsch sprechen.

Vergína, am Anfang der Straße zum Palast, T 23 31 09 25 02, www.evridiki.com.gr, DZ Ü/F ca. 40–70 €

❶ Infos
Anreise: Alle drei Königsstädte liegen ein bis eineinhalb Autostunden von Thessaloníki entfernt. Im Rahmen eines Tagesausflugs können Sie max. zwei Stätten besuchen. Nur Pélla ist ab Thessaloníki direkt per Bus zu erreichen (www.ktelpellas.gr und www.ktel-imathias.gr). Nach Díon müssen Sie in Kateríni, nach Vergína in Vérria umsteigen, so dass Tagesausflüge mit dem Linienbus kaum möglich sind.

IN DER UMGEBUNG

Meer oder Berge?

Von Díon aus ist das Meer nicht weit. Vor der Rückfahrt können Sie zu einem erfrischenden Bad an den langen **Strand von Olympiakí Aktí** (Karte 2, B 2/3) bei Kateríni fahren. Wer keine Eile hat, sollte einen Abstecher ins 300–400 m hoch am Olymp gelegene **Litóchoro** (Karte 2, B 3; knapp 7000 Einw.) unternehmen, wo es eine Reihe kleinerer Hotels und guter Tavernen gibt. In reiner Bergluft und zugleich mit Meerblick können Sie in der **Villa Pantheon** (Ortsteil Myloi, T 23 52 08 39 31, www.villapantheon.gr, DZ 55–70 €) wohnen. Mit kreativer

In Díon waren die Makedonen ihren Göttern ganz nah. Majestätisch erhebt sich der Götterberg Olymp über die Ausgrabungsstätte.

Vom Erdboden verschluckt – **Vergína**

Vom antiken Athen und Sparta haben wir alle in der Schule gehört. Doch niemand hat uns etwas vom alten Makedonien erzählt. Dabei war es ein makedonischer König, der die vielen sich oft gegenseitig bekriegenden griechischen Stadt- und Inselstaaten erstmals unter einem Herrscher vereinte – und damit zum ersten Mal einen griechischen Staat schuf.

Das Makedonische Reich, das vom 6.–4. Jh. v. Chr. große Teile Nordgriechenlands umfasste, sprengte unter Philipp II. und seinem Sohn Alexander dem Großen schließlich seine engen Grenzen. Philipp unterwarf 338 v. Chr. in der Schlacht von Chaironeía ganz Hellas. Alexander drang ab 334 v. Chr. durch Kleinasien bis Persien und über Afghanistan bis an den Indus vor. Als er jung an Jahren 322 v. Chr. im ägyptischen Alexandria starb, teilten seine Generäle das Reich unter sich auf. Nach Alexanders Grab wird bis heute vergeblich gesucht, das seines Vaters hingegen wurde 1977 im Dorf **Vergína** gefunden.

Abstieg in die Gruft

Unversehrt und nie geplündert lagen die **Königsgräber** 1 zusammen mit einigen weiteren Gräbern unter einem gewaltigen künstlich aufgeschütteten Erdhügel. Die Fassade der 9,5 x 4,5 m großen, aus zwei Grabkammern bestehenden Anlage erinnert an eine Tempelfront. Sie ist teilweise mit noch recht gut erhaltenen Malereien, die überwiegend aus Jagdszenen bestehen, geschmückt. Als Grabbeigaben wurden Teile einer Paraderüstung aus Gold, Elfenbein und Leder, hauchzarte goldene Eichenlaubdiademe als Zeichen der Königswürde und zwei Kisten aus purem Gold gefunden. Sie bargen Asche und Knochen eines Mannes. Als man auch noch zwei unterschiedlich lange Beinschienen als Teil der Rüstung entdeckte, war klar: Es musste sich um den großen Philipp II. handeln. Aus der Literatur wusste man nämlich, dass er hinkte.

Die goldene Sonne auf der Larnax, die Philipps Asche und Gebeine barg, wurde nach 1990 zum Politikum. Die unabhängig gewordene, ehemals jugoslawische Teilrepublik Mazedonien wählte sie zum Staatssymbol und integrierte sie in ihre Flagge. Damit beanspruchte sie das antike und nach Meinung vieler Hellenen sogar das heute nordgriechische Makedonien quasi für sich. Bis heute blockiert Griechenland darum jede Aufnahme von EU-Beitrittsgesprächen mit dem slawischen Staat, der auf Druck Griechenlands offiziell nur FYROM genannt werden darf: Former Yugoslawian Republic of Macedonia.

Nachdem der gesamte Erdhügel abgetragen war, machte man sich an die Planung eines weltweit einzigartigen **Museums.** Über den Gräbern wölbte man eine Kuppel aus armiertem Beton, bedeckte sie mit Erde und schuf so ein annäherndes Ebenbild des antiken Grabhügels. Unter der Kuppel liegen jetzt voll klimatisiert die Ruhestätten der Toten in angemessenem Licht. In Vitrinen sind die goldenen Schreine ausgestellt, die Philipps Überreste bargen. Die Asche rangniederer Familienmitglieder wurde in silbernen Urnen verwahrt, die neben zahlreichen Grabbeigaben ebenfalls ausgestellt sind.

Streifzug zum alten Palast

Ein **Königspalast** `2`, in dem vielleicht schon König Philipp residierte, liegt am Waldrand außerhalb des heutigen Dorfes. Um einen 45 x 45 m großen Innenhof gruppieren sich vier Säulenhallen mit jeweils 16 Säulen. In 13 Bankettsälen konnten sich Gäste des Königs auf 200 Klinen bei Festmählern lagern. Diese waren wohl ein wichtiges Element beim Versuch der Herrschaftssicherung. Die glückte allerdings nicht: Im Jahr 336 v. Chr. wurde Philipp II. während der Hochzeitsfeierlichkeiten für eine Tochter im **Theater** `3` ermordet; die Umrisse des Baus sind unterhalb des Palastes noch zu erkennen.

Wundervoll detailreich gearbeitet ist diese nicht einmal 10 cm große Elfenbeinstatuette, die Dionysos im Tanz mit einer Mänade und einen jungen Satyr zeigt.

INFOS/ÖFFNUNGSZEITEN

Im Internet: www.aigai.gr
Grabhügel: April–Okt. Mo 12–20, Di–So 8–20 Uhr, Eintritt 12 €; Nov.–März Di–So 9–17 Uhr, Eintritt 6 €
Palastareal: bis auf Weiteres geschl.

KULINARISCHES FÜR ZWISCHENDRIN

Im Sommer gibt es im **Philippeion** `1` (an der Straße zum Grabhügel, tgl. 12–16, Sa/So auch 18–24 Uhr, 9 €) Self-Service mit üblicher Tavernenkost, im Winter mutiert es zum Feinschmeckerrestaurant mit Wildgerichten. Große Auswahl makedonischer Weine.

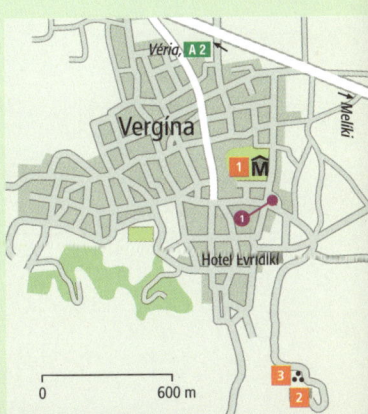

Faltplan: Karte 2, B 2

In der Antike galt der **Olymp** als Sitz der griechischen Götter. Die sind weg. Heute erobern Bergwanderer den Gipfel und am letzten Junisonntag jeden Jahres führt sogar ein Marathonlauf hinauf. Rekordzeit für 44 steile Kilometer auf Ziegenpfaden: 4 Stunden 47 Minuten. Mehr Infos unter www.olympus-marathon.com.

regionaler Kost – Suppen, Wildgerichte –, über 20 Käsesorten und 300 Weinen verwöhnt das **Gastrodrómio En Ólympo** (Kentrikí Platía, T 23 52 02 13 00, www.gastrodromio.gr, tgl. ab 11 Uhr, Hauptgerichte 7–18 €).
Vom Ort führt eine gut befahrbare Forststraße (kein Busverkehr) in den **Ólympos Nationalpark** (www.olympusfd.gr) hinein. Nach 10 km liegt rechts der Straße die Schutzhütte **Stavrós** auf 944 m Höhe. Nach 16 km endet die Straße an der **Jausenstation Priónia**, einem umgebauten alten Sägewerk auf 1100 m Höhe. Dort beginnt der ca. siebenstündige Aufstieg zum bis in den Mai hinein schneebedeckten **Gipfel des Olymps.** Ziel für einen eher gemütlichen Spaziergang ist das nur eine knappe Wegstunde entfernte, talabwärts liegende **Kloster Ágios Dionísios**.

Metéora-Klöster

📖 Karte 2, A 3

Das Bild kennen Sie: mittelalterliche Klöster auf steilen Felsnadeln und weltentrückten Felsknollen. Die Mönche und Nonnen lassen nicht nur Jedermann, sondern auch jede Frau in ihre Konvente hinein. Zum spirituellen und kunsthistorischen tritt das Naturerlebnis. Bleiben Sie über Nacht. Sie haben mehr davon!

Von Wind und Wasser geformt
Zwischen den Städtchen **Kalambáka** (ca. 8000 Einw.) und dem Dorf **Kastráki** ragen Dutzende glatt geschliffener, senkrechter Felswände bis zu 300 m hoch auf. Je nach Lichteinfall leuchten sie in ganz unterschiedlichen Farben. Manche erinnern an erhobene Zeigefinger, andere an Hörner und Pyramiden oder Türme. Man kommt sich vor wie in einem Felslaby-

Die Bergwelt des Olymp – ein Dorado für Naturfreunde und Wanderer

rinth, das ein Surrealist gestaltet hat. Vor über 20 Mio. Jahren war das gesamte Gebiet von einem Urmeer bedeckt. Flüsse und Bäche trugen Sand und Geröll in das Meer, die sich als Sedimente ablagerten. Diese Sedimente verwandelten sich unter Druck der Sande und Steine, die sie ständig neu überlagerten, in Gestein. Als sich das Meer später durch einen Durchbruch im heutigen Témpi-Tal einen Abfluss schuf, grub sich der Piniós sein Urstrombett. Am Ostufer stieß er auf das brüchige Sedimentgestein, das ganz unterschiedliche Härtegrade aufwies. Im Laufe von Jahrzehntausenden wurde das weichere Gestein weggespült. Härte Teile blieben als Felsklötze und -nadeln stehen. Die Erosion durch Wind, Frost und Regen trug dann ein Übriges zur Entstehung der bizarren Landschaft bei.
Die Metéora Road führt von Kastráki ins **Felsabyrinth** (▶ S. 102) hinein. Beim Blick zurück schauen Sie über das breite Tal des Flusses Piniós auf das lang gestreckte, bis in den Mai hinein von Schnee bedeckte Píndos-Gebirge.

🏠 Ideale Basis für Wanderer
Álsos
Der Wirt der gemütlichen und ruhigen Pension am obersten Dorfende kennt die Wanderrouten zwischen den Klöstern ganz genau und kann auch Rock-Climber bestens beraten.
Kalambáka, Odós Kanári 5, T 24 32 02 40 97, www.alsoshouse.gr, DZ Ü/F ab 50 €

🏠 Abgeschieden
Arsénis House
Absolut ruhig in schönster Landschaft auf der Rückseite der Klosterfelsen gelegene Unterkunft mit einer sehr herzlichen Wirtsfamilie. Im Restaurant kommen abends exzellente Lamm-koteletts auf den Tisch. Wohnmobile dürfen kostenlos über Nacht parken.
Eastern Metéora Road, T 24 32 02 41 50, www. arsenis-meteora.gr, DZ Ü/F ab 45 €

🌀 Felsstürmer
Nur Felsen, auf denen keine Klöster stehen, sind für Rock Climber freigegeben.

Philippi? Philippi? Ja richtig, das Wort kommt in der Bibel vor. An die Philipper richtete der Apostel Paulus einen seiner 14 im Neuen Testament abgedruckten Briefe.

Infos geben die Hoteliers. Gut ist die Website www.climb-europe.com.

ℹ Infos
Anreise: Mit dem Pkw in ca. 3.30 Std. auf der Autobahn Odós Egnatía bis Grévena und weiter auf der N15 nach Kalambáka. Tgl. 1 x Bahnverbindung zwischen Thessaloníki und Kalambáka (▶ S. 112); mehmals tgl. Busse, Umsteigen in Tríkala erforderlich (Fahrzeit 4.30 Std., hin und zurück 32,50 €).

Philíppi 📖 Karte 2, F 1

Drei Varianten des Badens gilt es hier zu entdecken: Im antiken Philíppi genossen die Römer Theater und Thermen. An der Lydia-Kapelle fließt der Bach vorbei, in dem Paulus die erste europäische Christin taufte. Und in Laspóloutra sitzen Sie selbst unter freiem Himmel im warmen, meterdicken Fango-Schlamm und studieren kurende Griechen. Im kleinen Hotel gleich daneben sind Sie wahrscheinlich die einzigen ausländischen Gäste.

Entscheidender Sieg
Das **antike Philíppi** (16 km nördlich von Kavála, www.dikili-tash.gr, April–Okt. tgl. 8–20, Nov.–März Di–So 8–15 Uhr, Eintritt inkl. Museum 4 €; Museum Mo vormittags geschl.) ist heute nur noch ein ansehnliches Ruinengelände. Von den Rängen seines Theaters (4.–2. Jh. v. Chr.) aus überblicken Sie die Ebene, in der die Cäsar-Mörder Cassius

Felsenklöster für alle – Metéora

 # 14

Schon als Naturdenkmal bietet die Felslandschaft von Metéora ein unvergessliches Erlebnis. Der Mensch hat noch eins draufgesetzt: Klöster. Bis vor einigen Jahrzehnten waren sie nur über Strickleitern oder Lastenaufzüge erreichbar. Jetzt stehen sie jedem offen – auch der Damenwelt.

Im 11. Jh. ließen sich erstmalig Einsiedler in dem Felsenwald nieder. 1370 gründeten Mönche vom Berg Áthos auf einem der Felsen ein erstes Kloster, dem noch 19 weitere folgten. Heute sind noch sechs Klöster erhalten und auf einer Ringstraße bequem per Auto zu erreichen.

Verschachtelte Architekturen

Hinter **Kastráki** passiert die Metéora Road zuerst das Mönchskloster **Ágios Nikólaos Anapafsás** **1**. Der Fußweg hinauf nimmt etwa zehn Minuten in Anspruch. Der unverputzte mehrgeschossige Natursteinbau schmiegt sich an die obere Hälfte eines Felsens. Balkone schweben über dem Abgrund, ein kleines Felsplateau dient als Klosterhof. Die Kirche wurde 1527 von einem kretischen Maler vollständig mit Fresken ausgemalt. Im nächstgelegenen Kloster **Roussanoú** **2** haben Nonnen das Sagen. Es steht seit 1525 auf dem Gipfel einer kleinen Felsnadel, die von einem Nachbarfels um ein Vielfaches überragt wird. Seit 1930 ist es über Betonstufen und zwei kurze Brücken erreichbar.

750 m weiter weisen Schilder zu den Monasterys Varlaam und Great Meteoron, die wie fürs Fotoalbum geschaffen am Ende der Stichstraße auftauchen. In **Megálo Metéoro** **3**, 1370 gegründet und damt das älteste aller Klöster, wurde eine Böttcherei museal wieder hergestellt. Auch die ehemalige Klosterküche und die Gärten sind zur Besichtigung freigegeben. Im früheren Refektorium werden Ikonen und bis ins 9. Jh. zurückreichende Handschriften gezeigt, von 1483 und 1552 stammen die Fresken in der Klosterkirche. 200 schweißtreibende Stufen führen hinauf in

Sind Sie Fan von 007? James Bond alias Roger Moore kraxelte »In tödlicher Mission« 1980 den Felsen zum Kloster Agía Triáda hinauf, ein Stuntman stürzte für ihn vom Kloster 30 m hinab in die Tiefe. 1981 lief der Film mit dem Originaltitel »For your eyes only« in den deutschen Kinos an.

die verschachtelte Anlage des Mönchsklosters **Varlaám** 4 (15./16. Jh.). Zwei seiner Kirchen wurden im 16. Jh. ausgemalt, im Refektorium sind zahlreiche Ikonen und Handschriften ausgestellt.

Ruhe oder Rummel?

Nach einem etwa zehnminütigen Spaziergang, gefolgt von einem sportlichen Aufstieg über eine Felstreppe, stehen Sie vor der Pforte des Mönchskloster **Agía Triáda** 5 (1483 erbaut). Seine Ausstattung ist eher karg, der Blick auf Kalambáka, das Piniós-Tal und das mächtige Píndos-Gebirge um so beeindruckender und die klösterliche Ruhe meist garantiert.

Besonders viel Betrieb herrscht im Kloster **Ágios Stéfanos** 6, das nur wenige ebenerdige Schritte vom Parkplatz entfernt liegt. Hier leben noch 40 Nonnen, die Waisenkinder betreuen und zur Finanzierung ihrer sozialen Aufgabe einen besonders gut bestückten Devotionalien- und Souvenirladen betreiben. Liebevoll gepflegt sind die kleinen Gemüseterrassen, erfreulich ist der üppige Blumenschmuck. Ein bisschen Paradies wollen eben sogar Nonnen schon auf Erden genießen.

Ü ÜBRIGENS

Bis in die 1920er-Jahre war der Weg ins Kloster nichts für Angsthasen, Mensch und Lasten wurden in einem Netz mithilfe einer hölzernen Winde an Bord gehievt. Die alte Mechanik ist noch in mehreren Klöstern zu sehen. Heute nimmt nur noch Baumaterial diesen luftigen Weg.

INFOS/ÖFFNUNGSZEITEN

Im Internet: www.kalampaka.com (aktuelle Öffnungszeiten auf Griechisch) **Öffnungszeiten** (Stand Mai 2017): **Ágios Nikólaos Anapafsás** 1, April–Okt. Sa–Do 9–15.30, Nov.–März Sa–Do 9–14 Uhr; **Roussanoú** 2, Juli–Sept. tgl. 9–18, Okt. Do–Di 9–18, Nov.–Juni Do–Di 9–14 Uhr; **Megálo Metéoro** 3, April–Okt. Mi–Mo 9–17, Nov.–März Do–Mo 9–16 Uhr; **Varlaám** 4, April–Okt. Sa–Do 9–16, Nov.–März Sa–Mi 9–16 Uhr; **Agía Triáda** 5, April–Okt. Fr–Mi 9–17, Nov.–März Fr–Di 10–16 Uhr; **Ágios Stéfanos** 6, April Okt. Di–So 9–13.30, 15.30–17.30, Nov.–März Di–So 9.30–13, 15–17 Uhr **Eintrittspreise:** je Kloster 3 € **Kleidervorschriften:** Frauen müssen ggf. am Eingang bereitliegende Tücher und Röcke überstreifen.

KULINARISCHES FÜR ZWISCHENDRIN

Die schlichte **Taverne Ta Chassiá** 1 (Platía Dimarchíou, tgl. ab 8 Uhr, Hauptgerichte ab 7 €) in Kalambáka eignet sich gut für ein schnelles Mittagessen.

und Brutus sowie die Cäsar-Anhänger Antonius und Octavian 42 v. Chr. ihre Truppen aufeinander hetzten. Das Theater wird heute im Hochsommer wieder bespielt, die römischen Bäder im Süden des Forums hingegen sind nicht mehr nutzbar. Noch am besten erhalten sind am römischen Marktplatz die Pflasterung der antiken Via Egnatia, die Byzanz (heute Istanbul) mit der Adria verband, die über 10 m hoch aufragenden Pfeiler und Mauerreste einer frühchristlichen Basilika aus der Zeit um 560 und Teile einer römischen Latrine. Sie bot 50 Männern ohne jedwede Trennwände auch einen Ort zur ausgiebigen Unterhaltung.

Herrlich chillen können Sie nach dem Rundgang im **Grabungsrestaurant.** Da sitzen Sie auf grüner Wiese unter schattigen Bäumen.

Wasser fürs Seelenheil

Auch heute noch für Taufen genutzt wird das hübsch gestaltete Areal um die 1 km nördlich gelegene **Lydia-Kapelle.** Sie ist das Ziel vieler orthodoxer Pilger aus aller Welt und immer wieder Schauplatz von Erwachsenentaufen im Wasser des vorüberfließenden Baches. Sie erinnern daran, dass im Jahr 49 der Apostel Paulus an dieser Stelle eine wohlhabende römische Purpurhändlerin namens Lydia zur ersten europäischen Christin getauft hat.

Schlammbad gefälligst

An der Lydia-Kapelle vorbei führt eine kleine Straße weiter nach **Laspóloutra** (Mai–Mitte Okt. tgl. 8–17 Uhr, ärztliche Eingangsuntersuchung kostenlos, Eintritt 6 €) – keinem Ort fürs Seelenheil, aber fürs irdische Wohlbefinden. Eine große Kuhle mit heilkräftigem, tiefschwarzen Schlamm unter freiem Himmel bildet das Zentrum eines einfachen winzigen Kurortes. In der Kuhle sitzen und stehen – nach Geschlechtern getrennt – verkrustete Gestalten. Die Schlammschicht ist angenehm temperiert und fast 2 m dick, nur dank kreuz und quer über dem Fangobad gespannter Seile können sich die Badegäste im Becken bewegen und auch

wieder hinaus gelangen. Fürs Abduschen und Abschaben brauchen sie genau so lange wie fürs Bad selbst, nämlich jeweils etwa 20 Minuten. Anschließend geht's ins kleine Kafenío gleich gegenüber, zumeist ganz unkompliziert im Bademantel. Danach ist Ruhe im aufgestellten Zelt oder Wohnwagen angesagt – oder im Hotel Yánnis.

🏠 Altmodischer Charme
Yánnis

Hier schlafen Sie nur 80 m vom Schlammbad entfernt garantiert völlig ruhig. Griechische Kurgäste quartieren sich oft für zwei oder gar drei Wochen ein. Klar, dass im Hotelrestaurant kein neumodischer internationaler Firlefanz auf den Tisch kommt. Wer hier kurt, kommt zumeist vom Lande und verlangt handfeste griechische Hausmannskost. Ausländer sind zwar gern, aber nur selten gesehene Gäste.

Laspóloutra am Kurzentrum, T 25 10 51 73 60, www.yannis.gr, DZ NS ca. 30 €, HS ca. 50 €.

An historischem Ort
Lydia

Wenn das Yánnis ausgebucht und hier nicht gerade eine Taufgesellschaft alle

Eine schöne Altstadt, ein Traumhotel und die Nähe der Insel Thássos locken so manchen Touristen nach Kavála.

KAVÁLA

Sehenswert
1 Mosaik
2 Alis Geburtshaus
3 Burg
4 Aquädukt
5 Dimotikí Kapnothíki
6 Kloster Lazaristón
7 Rathaus
8 Megáli Léschi
9 Tabakmuseum

In fremden Betten
1 Imaret
2 Espéria

Satt & glücklich
1 Galaxy Roof Garden
2 Pános-Zafíra

Zimmer in Beschlag genommen hat, ist das moderne Haus mit 26 Zimmern und Restaurant eine gute Alternative.
Krinídes, an der Taufkapelle, T 25 10 51 79 30, www.hotel-lydia.gr, DZ ca. 50 €

❶ Infos und Termine
Theaterfestival: An 17 Abenden im Juli und August werden im antiken Theater antike Tragödien und Komödien, Opern und zeitgenössische Stücke aufgeführt (www.philippifestival.gr).

Kavála 🗺 Karte 2, F 1

Die alte Tabakhandelsstadt (► S. 106) steigt wie ein Amphitheater aus dem Meer auf. Ihr ältester Teil nimmt eine felsige Halbinsel ein, die zwei Buchten voneinander trennt. In der einen löschen große Trawler ihre Fänge, werden auf kleinen Werften Schiffe gewartet. In der anderen Bucht wird das große Hafenbecken von Jachten, Frachtern und den Fähren zur nahen Insel Thássos frequentiert.

Ein (teurer) Traum
Imaret ❶
Wer es sich leisten kann, wohnt hier fast wie in der Alhambra. In Innenhöfen zwitschern Vögel, unter alten Gewölben kann man baden, in der Bibliothek vollends zur Ruhe kommen. Jedes Zimmer ist hochwertig und individuell gestaltet, in manche Badewannen passen Kleinfamilien. Zumindest im Internet anschauen!
Odós Polídou, T 25 10 62 01 51, www.imaret.gr, DZ 250–1200 €

Nüchtern und sachlich
Espéria ❷
105 Zimmer mit modernem Komfort und freiem WLAN-Zugang. In die Tiefgarage passen zwölf Pkw.
Odós Erythrou Stavroú 44, T 25 10 22 96 21, www.esperiakavala.gr, DZ Ü/F ab 45 €

Nahe den Kuttern
Pános-Zafíra ❷
Direkt unterhalb der Altstadtmauer mit Blick auf den Hafen können Sie den besten Fisch der Stadt essen.
Dimítriou 20/Platía Karaolí, T 25 10 22 79 78, www.zafira.gr, tgl. ab 11 Uhr, Hauptgerichte ab 10 €

❶ Infos
Touristen-Information Kavála: Platía Eleftherías, T 25 10 23 10 11, www.kavalagreece.gr
Linienbusverbindung: mehrmals täglich mit Thessaloníki (155 km, ca. 2.30 Std.; www.ktel-kavalas.gr).

 # 15

Als die Welt noch rauchte – **Kavála**

Die weiße Stadt am Meer verdankt ihre schönsten Bauten einem islamischen Tabakhändler und dessen christlichen Kollegen aus ganz Europa. Auch für den Aufstieg des Christentums zur Weltregion hat Kavála Bedeutung. Hier betrat der Apostel Paulus erstmals europäischen Boden. Später wurde hier der Begründer der letzten ägyptischen Königsdynastie geboren.

Aus der nordöstlichen Ecke des zentralen Hafenbeckens zweigt die **Odós Koundouriótou** landeinwärts ab. Gleich darauf fällt an der ersten Ampelkreuzung links voraus ein großflächiges, 2004 geschaffenes **Mosaik 1** ins Auge. Es illustriert einige Zeilen aus der Apostelgeschichte (16, 9–12): den Aufbruch des Apostels Paulus aus dem kleinasiatischen Troja und seine Ankunft bei der antiken Stadt Neápolis, dem heutigen Kavála.

Von Paulus zu Muhammed Ali

Gegenüber des Mosaiks führt die **Odós Poulídou**, in der mehrere gute Tavernen zu finden sind, hügelaufwärts in die Altstadt. Sie passiert das langgestreckte **Imaret 1**, 1817 als Koranschule erbaut und seit 2004 Griechenlands wohl romantischstes Hotel. Leider sind seine Innenhöfe, die ein wenig an die andalusische Alhambra erinnern, nur für Hotelgäste zugänglich.

Vom Tabak und seiner Verarbeitung, vom harten Leben der Fabrikarbeiter und ihren Aufständen erzählt recht anschaulich das Tabakmuseum in einer alten Zigarettenfabrik.

Am Ende der Odós Poulídou zeigt ein stattliches **Reiterdenkmal** den Stifter des Imarets, Muhammed Ali. Der 1769 in Kavála geborene Sohn eines reichen Tabakhändlers stieg später zum ägyptischen Vizekönig auf und gründete die letzte Königsdynastie Ägyptens, die erst 1952 mit dem Tod König Faruks erlosch. Gegenüber dem Denkmal dient **Alis Geburtshaus** 2 heute als Museum. Vor ihm weht ebenso wie vor dem Hotel Imaret noch immer die ägyptische Flagge, denn beide Gebäude gehören einer ägyptischen Stiftung.

Vom Denkmal können Gehfreudige durch die steilen Gassen der Altstadt bis zur **Burg** 3 aus dem 15./16. Jh. hinaufsteigen. Aus 70 m Höhe haben Sie einen weiten Blick über die ganze Stadt, auf das gewaltige **Aquädukt** 4 in ihrem Zentrum und über das Meer bis zur 1000 m hoch aufragenden Insel Thássos. Ein einfaches Café lädt zur Rast.

Die Straße der Tabakbarone

Zurück am zentralen Hafenbeckens gelangen Sie von dessen Nordwestecke über die **Odós Averof** zur **Platía 28is Oktovríou**. Dominierendes Gebäude am Platz ist die 1910 im Stil des ottomanischen Neoklassizismus erbaute **Dimotikí Kapnothíki** 5. Kavála war damals eine Metropole des internationalen Tabakhandels. In Großbauten wie diesem wurden die aus weiten Teilen des Balkans angelieferten Tabakblätter getrocknet und für den Export verarbeitet.

Vom Platz zweigt die schmale **Odós Kýprou** ab, im späten 19. und frühen 20. Jh. die Prachtstraße Kaválas mit den Villen der reichen Tabakhändler. Fast übersehen könnten Sie den Eingang des 1890 gegründeten **Klosters Lazaristón** 6, in dessen Kirche die ausländischen Katholiken sonntags die Messe feierten. Dort wurde ihnen die schlechte Behandlung ihrer Arbeiter sicher vergeben. Das prächtige weiße Gebäude ein paar Schritte weiter ließ sich 1895 ein ungarischer Kaufmann errichten, heute beherbergt es das **Rathaus** 7. Die feine Gesellschaft traf sich nebenan in ihrem repräsentativen Clubhaus, der **Megáli Léschi** 8.

Das Aquädukt, Wahrzeichen Kavalas, ist kein römischer, sondern ein ottomanischer Bau. Seit 1550 leitete es in 60 m Höhe über 60 doppelstöckige Bögen Trinkwasser in die Altstadt.

INFOS/ÖFFNUNGSZEITEN

Geburtshaus Muhammed Ali 2: www.moha.center, Di–So 9–15 und 18–21 Uhr, Eintritt 3 €
Burg 3: www.castle-kavala.gr, im Sommer Mo–Sa 8–20.30, im Winter Di–So 8–16 Uhr, Eintritt 2 €
Tabakmuseum 9: Odós K. Paleológou 4, www.tobaccomuseum.gr, Mo–Fr 8–15, Sa 9–13 Uhr, Eintritt 2 €

KULINARISCHES FÜR ZWISCHENDRIN

Mit schönem Rundumblick über Stadt und Meer genießen Sie Kaffee und Kuchen, Eis, Snacks und gute Cocktails im **Galaxy Roof Garden** 1 (Hotel Galaxy, T 25 10 22 48 12, www.airotel.gr, Hauptgerichte ab 9 €)

Faltplan: Karte 2, F 1 | **Cityplan:** S. 105

Hin & weg

ANREISE

Mit dem Flugzeug

Hauptzielflughafen für die Chalkdikí ist der **Makedonía Airport** von Thessaloníki. Im Sommerhalbjahr wird er von zahlreichen Billig- und Charterfluggesellschaften aus den deutschsprachigen Ländern angesteuert. Ganzjährig fliegen u. a. Aegean Airlines, Austrian Airlines, Easy Jet, Eurowings und Ryan Air nach Thessaloníki.

Taxis warten in großer Zahl vor dem Terminal. Fahrpreis in die Innenstadt ca. 15–22 €.

Außerhalb des Terminals auf der Ankunftsebene, gibt es eine rund um die Uhr geöffnete **Gepäckaufbewahrung.**

Mit Bahn, Bus und Auto

Der Landweg nach Nordgriechenland führt über den Balkan. Mit der **Bahn** ist mehrfaches Umsteigen nötig. **Busse** von

VOM FLUGHAFEN ZUM FERIENORT

Die Weiterreise ab dem Flughafen erfolgt per **Stadtbus** (T 110 85, www.oasth.gr). Die Haltestelle liegt neben der Kafeteria direkt gegenüber dem Ausgang der Ankunftshalle. Tickets gibt es am Schalter (1 €) oder am Automaten im Bus (1,10 €; Automat gibt kein Wechselgeld). **Linie 78** verbindet den Terminal des Flughafens rund um die Uhr mit der **Innenstadt von Thessaloníki,** dem Bahnhof und dem Fernbusbahnhof KTEL Makedonías (alle Regionen des Landes außer der Chalkidikí). Wer ein Ziel auf der **Chalkidikí** hat, nimmt zunächst **Linie 79** zur Haltestelle IKEA (ja, die Schweden!) und steigt dort in **Linie 36** zum Busbahnhof KTEL Chalkidikís um (Tickets am Schalter 1,20 €, am Automaten im Bus 1,30 €).

Eurolines (www.eurolines.de) verbinden Thessaloníki direkt mit West- und Süddeutschland. Wer mit dem eigenen Fahrzeug anreisen will, erhält aktuelle Infos bei den Automobilclubs.

Mit dem Schiff

Fährverbindungen (www.gtp.gr) bestehen von Italien nach Igoumenítsa. Von dort sind es ca. 400 km auf sehr gut ausgebauter Autobahn bis Thessaloníki. Wer mit einem **Kreuzfahrtschiff** Thessaloníki anläuft, braucht keinen teuren Ausflug zu buchen Der Terminal liegt direkt am Altstadtrand und nur ca. 15 Gehminuten vom Stadtzentrum entfernt.

Einreise- und Zollbestimmungen

Ausweispapiere: EU-Bürger und Schweizer – auch Kinder – müssen einen gültigen Personalausweis vorlegen können. Für Hunde benötigt man den EU-Heimtierausweis, ein eingepflanzter Mikrochip ist Pflicht.

Zollbestimmungen: Waren zum persönlichen Gebrauch (bis zu 800 Zigaretten, 90 l Wein, 10 l Schnaps) können EU-Bürger zollfrei mitführen. Für Schweizer Bürger (und bei Duty-Free-Waren) gelten folgende Grenzen: 250 Zigaretten, 5 l Wein und 1 l Spirituosen mit über 22 % Alkohol.

INFORMATIONSQUELLEN

Griechische Zentrale für Fremdenverkehr (EOT)

In Deutschland: Holzgraben 31, 60313 Frankfurt/M., T 069 257 82 70, info@visitgreece.com.de.

In Österreich: Opernring 8, 1010 Wien, T 01 512 53 17, grect@vienna.at. Beide Büros sind die Kontaktierung kaum wert. Die Zahl der MItarbeiter wurde wegen der Finanzkrise stark reduziert und es gibt keinerlei Informationsmaterial, das sie verschicken könnten.

Im Internet

www.visitgreece.gr: Offizielle Website der Griechischen Zentrale für Fremdenverkehr (nur engl.).

www.culture.gr: Brauchbare Seite des griechischen Kultusministeriums. Hier finden Sie auf Englisch und Griechisch ausführliche Infos (mit Fotos) zu nahezu allen Museen und Ausgrabungsstätten des Landes und meist auch Öffnungszeiten und Eintrittspreise.

www.holidays-and-more.de: Sehr umfangreiche und informative deutschsprachige Website eines deutsch-griechischen Reisebüros auf der Chalkidikí

www.mountathos.gr: Englischsprachige Website mit ausführlichen Informationen zu Klöstern und Klosterleben auf dem Berg Áthos.

www.saloniki.org: Deutschsprachige Website mit guten Informationen zur nordgriechischen Metropole.

www.in-greece.de: Gute Chat-Foren für alle Griechenland- und Chalkidikí-Fans.

KLIMA UND REISEZEIT

Für einen Badeurlaub sind die Monate Mai bis September am besten geeignet. Auch im Oktober und Anfang November ist das Meer noch über 20 °C warm, aber in beiden Monaten muss man mit kräftigen Gewittern und ein paar Regenschauern rechnen. Der regenreichste Monat ist der Januar. Schnee fällt in Höhenlagen unter 600 m nur an wenigen Wintertagen. Wer viel wandern oder radeln möchte, kommt am besten im Mai, wenn die Natur in voller Blüte steht. Keinen einzigen Regentag verzeichnet die Wetterstatistik im Juli und August, dann werden mit 30 °C auch die höchsten Tagestemperaturen gemessen. Selbst Spitzenwerte von bis zu 40 °C sind an einigen Tagen möglich. Nachts sinkt das Thermometer zwischen Juni und September auf Temperaturen um die 20 °C, in allen anderen Monaten ist für die Abende eine warme Jacke angebracht.

SPORT UND AKTIVITÄTEN

Baden

Alle griechischen Strände sind öffentlich zugänglich. Eine ›Baywatch‹ gibt es nur an besonders gut besuchten Stränden. Sonnenliegen und -schirme werden vor vielen Hotels, Tavernen und Beach Bars vermietet (Schirm plus zwei Liegen meist 5–8 € pro Tag). Quallen sind selten, mit Seeigeln muss jedoch auf steinigem Untergrund gerechnet werden. Haie gibt es in Strandnähe nicht. Der im Winter angespülte Tang wird erst Mitte Mai entfernt – früher im Jahr muss man oft durch meterdicke Tangschichten ins Wasser stapfen.

Biking

Das Radfahren auf der Chalkidikí fordert gute Kondition, denn es geht fast ständig auf und ab. Zahlreiche schmale, kaum befahrene Landstraßen und gute Feldwege sind ein ideales Terrain für anspruchsvolle Mountainbiker. Wirklich gute Fahrradverleiher gibt es aber nicht. Manchmal verleihen Autovermieter auch ein paar Fahrräder, einige größere Hotels halten für ihre Gäste Räder bereit. Geführte MTB-Touren werden überhaupt nicht angeboten. Sechs Routenvorschläge für die Sithonía unterbreitet die Website www.sarti.gr.

Golf

Der 18-Loch-Golfplatz von Pórto Carrás auf der Sithonía ist einer von nur drei auf dem griechischen Festland. Im Sommer sieht er häufig zu trocken aus.

Motorboote

Motorboote können Sie in vielen Orten an den Küsten der Chalkidikí mieten. Besonders attraktiv ist das Motorbootfahren im inneren Golf von Áthos zwischen Ouranoúpoli und Vourvouroú, weil man dort auch eine ganze Reihe kleiner Inseln ansteuern kann. Zum Führen von Motorbooten mit bis zu 30 PS genügt ein Pkw-Führerschein, Vorerfahrung ist nicht notwendig. Nach kurzer Einweisung sind Sie der Kapitän.

Sea Kayaking

Geführte Kayak-Touren sind eine Spezialität des Küstenorts Vourvouroú auf der Sithonía.

Surfen und Kiten

Den berühmten Meltémi, der viele Ägäis-Inseln zu Hotspots mit Starkwind-Revieren macht, bläst nicht bis in die tiefen Golfe zwischen den drei Halbinseln der Chalkidikí hinein. Gekitet wird nirgends, gesurft wird vor allem in Sárti und Umgebung auf der Sithonía.

Tauchen

Tauchschulen und -stationen bieten ihre Dienste auf den Halbinseln Kassándra und Sithonía an. Alle stellen sich ausführlich im Internet vor: www.aqualand.gr bei Sárti, www.diveclub-kassandra.gr in Chaniótis, www.kalamitsi.com in Kalamítsi, www.odysseydive.com in Kassandría, www.seaworld.gr im Sáni Resort und www.tritonscuba.gr in Palioúri.

Wandern

Für Wanderfreunde wäre die Chalkidikí ein ideales Revier, wenn es Wanderkarten und Markierungen gäbe. Der Dreizack, den man gelegentlich als Markierung sieht, stammt aus leider vergangenen Zeiten, als die Hoteliersvereinigung der Chalkidikí noch einen gedruckten Wanderführer herausgab und die Finanzierung von Wegen und Markierungen leistete. Böse verlaufen kann man sich allerdings kaum, nur ärgerliche Umwege machen. Wanderer sollten unbedingt feste, halbhohe Schuhe und langen Hosen tragen, denn insbesondere im Frühjahr begegnet man (zumeist ungiftigen und ohnehin vor Menschen flüchtenden) Schlangen. Lange Hosen verhindern auch Kratzer an den Beinen durch dorniges Gestrüpp.

SICHERHEIT UND NOTFÄLLE

Die Kriminalitätsrate in Griechenland gehört zu den niedrigsten in Europa. Auch in Thessaloníki und auf der Chalkidikí braucht man sich vor Raubüberfällen auf offener Straße, Handtaschenraub vom Motorrad aus oder Einbrüchen in Hotelzimmer nicht sonderlich zu sorgen. Taschendiebstahl wird allerdings immer häufiger. Insbesondere in öffentlichen Verkehrsmitteln und bei Großveranstaltungen ist die übliche Vorsicht angebracht.

Wichtige Notrufnummern
Krankenwagen, Polizei, Feuerwehr: T 112 (gebührenfrei, Englisch wird fast immer verstanden)
Pannendienst: T 104 44 (Autovermieter arbeiten meist mit eigenen, privaten Pannenhilfsdiensten zusammen)
Sperren von Kreditkarten: T 0049 11 61 16 (allgemein); T 0049 18 05 02 10 21 (Maestro-, Bank- und Sparkassen-Card)
Deutsche Botschaft: T 21 07 28 51 11 www.athen-diplo.de
Österreichische Botschaft: T 21 07 25 72 70, www.aussenministerium.at/athen
Schweizer Botschaft: T 21 07 23 03 64, www.eda.admin.ch/athens

---

ÜBERNACHTEN

Die Chalkidikí ist das bedeutendste Pauschalreiseziel auf dem griechischen Festland. Großhotels und Ferienresorts gibt es viele, aber nur ein einziges landschaftsverschandelndes Hotelhochhaus bei Kalithéa auf der Kassándra.

Echte Strandhotels

›Beach‹ führen viele Hotels weltweit im Namen. Die meisten von ihnen stehen viel weiter als 20 m vom Strand und werden durch eine Straße von ihm getrennt. Schöne Ausnahmen sind u. a. das Hotel Germany in Olimbiáda (S. 71), das Hotel Olympion Beach in Gerakiní (S. 42) und das House Georgiádi in Toróni (S. 53).

Studios und Apartments

Der Unterschied zwischen beiden? Studios bestehen in der Regel nur aus einem Zimmer mit Kitchenette. Apartments sind geräumiger, bieten bis zu fünf Personen Platz und verfügen über bessere – wenn auch nicht immer gute – Kochmöglichkeiten. Studios und Apartments sind fast immer sehr viel preisgünstiger als entsprechend große Hotel- und Pensionszimmer in gleicher Lage, besitzen trotzdem manchmal Pool und Poolbar. Darauf, dass es keine rund um die Uhr besetzte Rezeption und keine Lobby gibt, verzichtet man da doch gerne. Studios nennen die Griechen übrigens *gazoniéres*, Apartments heißen *diamerísmata*.

Ferienhäuser

Freistehende Ferienhäuser gibt es auf der Chalkidikí kaum. Einige wenige finden Sie in den Katalogen der gängigen Großveranstalter. Sehr viel umfangreicher ist aber das Angebot von Ferienhausspezialisten (u. a.: www.airbnb.de, www.jassu.de, www.fewo-direkt.de, www.ferienhausmiete.de, www.atraveo.de).

Häuser mit besonderem Flair

Alle Hotels auf den drei Fingern der Chalkidikí sind erst nach 1970 entstan-
den, also relativ jung. Sie leisten zwar fast alle guten Service, gehören aber zum touristischen Einheitsbrei. Stilvolle Unterkünfte in historischen Häusern finden Sie nur in Thessaloníki und in Arnéa. Aus verschiedenen Gründen ganz exzeptionell und auf hohem Niveau sind das Ekiés All Senses in Vourvouroú (▶ S. 57), das Pórto Valítsa bei Palioúri (▶ S. 31) und das Skítes bei Ouranoúpoli (▶ S. 66).

Einfach mal abhängen? –
Kein Problem im Ekiés All Senses!

Hotelportale

Fast alle Hotels arbeiten mit Reiseveranstaltern zusammen, nahezu alle Vermieter mit dem Hotelportal www.booking.com. Auf der Website finden Sie massenweise Bilder und sehr ausführliche Beschreibungen. Buchen können Sie dennoch direkt. Als Menschenfreund bemitleiden Sie den Hotelier, der 15–20% des Zimmerpreises ans Hotelportal abführen muss. Als Pfennigfuchser rufen Sie im Hotel an und fragen nach dem Direktbuchungspreis. Meist liegt der geringfügig niedriger als bei Reservierung übers Portal.

Vorher buchen – und wie lange?

Für Thessaloníki empfiehlt sich auf jeden Fall eine Vorabbuchung. Bei der Reiseplanung sollte man an Messezeiten in der Metropole denken: Dann sind die Zimmer viel teurer als sonst. Auch für einen stationären Urlaub auf der Chalkidikí sind Vorausbuchungen angebracht. Rundreisende sollten freilich flexibel bleiben. Für sie reicht es, sich am jeweiligen Vorabend um die nächste Reservierung zu kümmern, wenn sie nicht ein ganz bestimmtes Haus im Auge haben. Buchen kann man über

ÜBRIGENS

Griechische Urlauber sind ungern ihre eigenen Zimmermädchen. Darum sind Bett- und Badwäsche anders als etwa in Dänemark immer im Mietpreis von Ferienhäusern, Apartments und Studios inbegriffen. Auch für die Endreinigung werden fast nie Extra-Gebühren fällig.

Hotelportale im Internet oder direkt bei den Vermietern. Hotels und Pensionen stellen jedoch nicht immer ihre Preise ins Netz, sondern erwarten eine entsprechende Anfrage des Interessenten. Außerdem sind ihre Rücktritts- und Änderungsbedingungen sowie die Höhe der geforderten Anzahlung oft nicht sehr kundenfreundlich – da kann es durchaus günstiger sein, via Reiseveranstalter oder Hotelportal zu reservieren.

UMGANGSFORMEN

Kleidung: Die meisten Griechen kleiden sich gut, aber meist leger. Krawatte und Abendkleid können getrost zu Hause bleiben.

Kirchen- und Klosterbesuch: In Kirchen sollten Schultern und Knie bedeckt sein. In Klöstern müssen Frauen meist einen mindestens knielangen Rock anlegen, Tücher und Kleidung zum Überstreifen liegen in der Regel am Eingang bereit. Ein Kopftuch tragen hingegen nur osteuropäische Orthodoxe. Verschränken Sie in Kirchen nicht die Arme oder Beine und wenden Sie Ikonen in unmittelbarer Nähe nicht den Rücken zu. Andächtiges Stillschweigen wird von Ihnen hingegen selbst während Gottesdiensten nicht erwartet, selbst die Griechen unterhalten sich manchmal leise.

Einladungen: Im Gespräch geht man schnell zum Vornamen über. Einladungen nach Hause erfolgen äußerst selten, auch mit engen Freunden trifft man sich lieber in einem Lokal. Werden Sie dort von einem Einheimischen zu einem Kaffee oder Oúzo eingeladen, dürfen Sie sich auf keinen Fall mit einer Gegeneinladung revanchieren – der Grieche besitzt das Heimrecht. Seien Sie dafür nett zu Ausländern daheim!

Reklamationen: Fehler gestehen auch Griechen nur ungern ein. Wenn Sie in Hotel oder Taverne etwas zu reklamieren haben, appellieren Sie besser an die Hilfsbereitschaft und die großen Fähigkeiten des Gegenüber, Ihnen zu helfen, als lautstark auf Ihrem Recht zu bestehen.

Toiletten: Außer in einigen erstklassigen Hotels ist es überall üblich, das Toilettenpapier nicht in die Toilette, sondern in daneben stehende Papierkörbe oder Eimer zu werfen.

Zeichensprache: Ein sanftes, schräg zur Seite hin geneigtes Kopfnicken mit angedeutetem Schmatzmund bedeutet »Ja, ich glaube schon«. Legt jemand sanft den Kopf in den Nacken und zieht dabei mit halb geschlossenen Augen die Stirn nach oben, ist das ein wortloses »Nein«. Beim Zählen mit den Fingern beginnt man nicht mit dem Daumen, sondern mit dem Zeigefinger, der Daumen wird erst für die Fünf gebraucht.

VERKEHRSMITTEL

Bahn

Auf der Chalkidikí sind keine Schienen verlegt. Von Thessaloníki aus erreicht man aber Kalambáka am Fuß der Metéora-Klöster gut per Bahn, wenn man eine Übernachtung dort in Kauf nimmt. Die Fahrzeit beträgt ca. 3 Std. Abfahrt in Thessaloníki um 16.17 Uhr, Rückfahrt ab Kalambáka 19.30 Uhr, Fahrpreis hin und zurück ca. 50 € (im Internet ermäßigt). Von Kalambáka zu den Klöstern fahren keine Linienbusse, man muss sich ein Taxi nehmen oder wandern.

Bus

Linienbusse sind das wichtigste öffentliche Verkehrsmittel auf der Chalkidikí. Busse der Gesellschaft **KTEL**

Chalkidikís (T 23 10 31 65 55, www.
ktel-chalkidikis.gr) verbinden alle Orte
der Chalkidikí mit Thessaloníki sowie
viele Orte mit der Bezirkshauptstadt
Polígiros. Querverbindungen zwischen
den drei Halbinseln gibt es nicht. Um
von der Kassándra auf die Sithonía zu
gelangen, müssen Reisende in Néa
Moudaniá oder Polígiros umsteigen. Auf
die Halbinsel Áthos fahren Linienbusse
nur ab Thessaloníki (via Arnéa).
Der **Busbahnhof KTEL Chalkidikís** in
Thessaloníki liegt in Flughafennähe an
der A24 weit außerhalb des Stadtzen-
trums, das von dort aus mit Stadtbus Linie 45 zu erreichen ist. Fahrkarten kauft
man an den Busbahnhöfen von Néa
Moudaniá, Polígiros und Thessaloníki
am Schalter, sonst im Bus.
Am **Fernbusbahnhof KTEL Makedonías** in Thessaloníki (5 km westlich
des Zentrums) fahren Busse nach
Kavála, zu den Metéora-Klöstern, in die
makedonischen Königsstädte sowie zu
vielen anderen Zielen in Griechenland
ab. Auskunft und Fahrpläne je nach Ziel
verschiedene Telefonnummern. Auflis-
tung auf www.ktelmacedonia.gr.

Taxi
Taxis sind zahlreich vorhanden und
verfügen über Taxameter. Für Tagesausflüge mit dem Taxi kann der Preis frei
vereinbart werden.

Organisierte Ausflüge
In den Ferienorten der Chalkidikí werden viele Ausflüge angeboten. Da es auf
der Kassándra und der Sithonía wenig
überragende Sehenswürdigkeiten gibt,
führen Busausflüge meist in andere Teile
Nordgriechenlands. So gibt es eintägige
Touren zu den Metéora-Klöstern oder
nach Kavála und zu den Ausgrabungen von Amfípolis und Philíppi. Beide
Touren sind interessant, doch mit vielen
Stunden im Bus verbunden. Dringend
abzuraten ist von Ausflügen nach Athen,
bei denen man zwei unbequeme Nächte
im Bus verbringt und schachmatt durch
Athen läuft. Touren nach Thessaloníki
stehen überall auf dem Programm:
Interessant für die, die die Mühen einer

Linienbusfahrt dorthin scheuen, denn
man spart viel Zeit. Empfehlenswert ist
zudem die Teilnahme an einem Schiffs-
ausflug entlang der Áthos-Küste.

Mietfahrzeuge
Mietwagen werden in allen Städten
und Touristenzentren in großer Zahl
angeboten. Sonderangebote sind
häufig, Rabatte auf Nachfrage leicht
zu erzielen. Vollkaskoversicherung wird
immer angeboten, deckt jedoch fast
nie Schäden an den Reifen und an der
Wagenunterseite ab. Das Mindestalter
für Mieter ist meist 21 Jahre.
Mopeds und Roller werden gegen
Vorlage des Auto-Führerscheins in allen
Städten und Urlauberzentren vermietet.
Wer ein **Motorrad** leihen will, benötigt
der Führerschein der jeweiligen Klasse.

Verkehrsverhalten
Im Stadtverkehr stellen Mopeds und
Motorräder die größte Gefahr dar, weil sie
links und rechts überholen und sich nicht
an Einbahnstraßenregelungen halten. Auf
Autobahnen und Schnellstraßen werden
auch die Standspuren benutzt, um
schnelleren Fahrzeugen – oder auch dem
Gegenverkehr – das Überholen zu erleich-
tern. Auf kurvenreichen Landstraßen fährt
man besser immer weit rechts, denn viele
Griechen sind notorische Kurvenschneider.
Verkehrsregeln: Zulässige Höchstge-
schwindigkeit innerorts 50 km/h, auf
Landstraßen 90 km/h (Motorräder nur
80 km/h), auf Schnellstraßen 100 km/h,
auf Autobahnen 120 oder 130 km/h;
Promillegrenze 0,5 (Motorrad 0,2);
Anschnallpflicht auf den Vordersitzen;
Helmpflicht für motorisierte Zweiräder.
Die Bußgelder sind drastisch, mehr als
0,6 Promille führen zu einer Anklage
beim Schnellrichter, was über 700 €
Strafe bedeutet.

Tanken
Tankstellen öffnen von etwa 7 bis 22
Uhr, in der Regel auch an Sonntagen.
Benzin heißt *venzíni*, bleifrei *amólivdi*,
Diesel *petrélio*. Die Preise für Treibstoffe
liegen etwa 10–20% höher als in
Deutschland.

O-Ton Chalkidikí

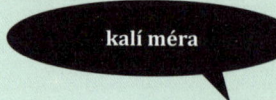
kalí méra

Einen ›guten Tag‹ wünschen Sie
bis zum Mittagsschlaf …

kalí spéra

...›guten Abend‹ vom Mittagsschlaf
bis spät in die Nacht hinein …

KALÍ NÍCHTA

... ›gute Nacht‹, wenn Sie
wirklich das Bett anstreben

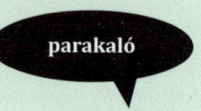
parakaló

›bitte‹ ist stark
im Gebrauch…

chärete

Schöner ländlicher Gruß,
diese Aufforderung: ›Freuet euch!‹

endáksi

Ist keine Taxibestellung, sondern ein
›Okay‹

KALÓ TAKSÍDI

Wird vor der Reise oder
Weiterfahrt gewünscht

JÁSSU/JÁSSAS

efcharistó

›danke‹ wird oft überschwenglich
verwendet

Können Sie zur Begrüßung und zum Abschied
von einer/mehreren Personen sagen, denn es
heißt Hallo und Tschüss

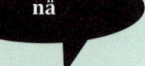
nä

étsi íne i zoí

Das griechische ›ja‹ ist vor
allem für Berliner eine Falle.
Wer nein sagen will, muss
›óchi‹ lernen

Macht alles leichter: ›So ist es nun einmal, das Leben...‹

Register

Das Klima im Blick

Reisen bereichert und verbindet Menschen und Kulturen. Wer reist, erzeugt auch CO_2. Der Flugverkehr trägt mit bis zu 10 % zur globalen Erwärmung bei. Wer das Klima schützen will, sollte sich – wenn möglich – für eine schonendere Reiseform entscheiden oder die Projekte von atmosfair unterstützen. Flugpassagiere spenden einen kilometerabhängigen Beitrag für die von ihnen verursachten Emissionen und finanzieren damit Projekte in Entwicklungsländern, die dort den Ausstoß von Klimagasen verringern helfen (www. atmosfair.de). Auch die Mitarbeiter des DuMont Reiseverlags fliegen mit atmosfair!

Abbildungsnachweis

akg-images, Berlin: S. 24 (Cameraphoto)

Marianne Bongartz, Köln: S. 40/41, 51, 58

Christiane Bötig, Bremen: S. 47, 52

Klaus Bötig, Bremen: S. 4 u., 37, 54, 120/3

Fotolia, New York: S. 73 (iza_miszczak); 97 (Pakhnyushchyy); 89 (smoxx); Umschlagklappe vorn,11 (tella0303)

Getty Images, München: S. 55 (Moment RF/Karkalicheva)

Glow Images, München: S. 29 (imagebrocker/Fichter); 20, 21 (imagebrocker/Kreder)

Huber-Images, Garmisch-Partenkirchen: S. 32 (Cogoli); 4 o. (Gräfenhain); 23 (Schmid)

iStock.com, Calgary (Kanada): S. 91 (alpaksoy); 80 (Angelafoto); 18 (bortnikau); 90 (burdem); 27 (Dickov); 104 (fotofritz16); 100 (mahout); 7 (mazzzur); 63 (poro-jnicu); Umschlagklappe hinten (portokalis); Titelbild, Faltplan, S. 17 (verve231)

Laif, Köln: S. 67, 68, 102 (Boisvieux); 120/9 (Contrasto/Lamm); 8/9 (IML/Hapsis); 120/2 (Jaeger); 45 (IML/Kouri); 38, 66 (IML/Meazza); 106, 107 (IML/Patsouras); 98 (IML/Rodopoulos); 50 (Kirchgessner); 94/95, 120/8 (Morandi); 120/7 (Pilos); 28 (Polaris/Kontos); 120/4 (robertharding); 72, 81, 120/1, 120/6 (Steinhilber)

Look, München: 35, 57 (Dressler)

Mauritius Images, Mittenwald: S. 65 (Alamy/KuttigTravel2); 64 (Alamy/Rostislav); 92 (Alamy/Torgovitsky); 74/75, 77 (CuboImages/Gimmi); 111 (Warburton-Lee/Eisele-Hein)

Bastian Parschau, Iráklio/Kreta: S. 48, 60/61, 82, 83, 84

picture-alliance, Frankfurt a. M.: S. 120/5 (NurPhoto/Aswestopoulos)

Schapowalow, Hamburg: S. 99 (SIME/Cellai); 14/15, 30 (SIME/Cogoli); 86 (SIME/Ripani); 70 (SIME/Russo)

Zeichnung S. 3: Gerald Konopik, Fürstenfeldbruck

Zeichnung S. 5: Antonia Selzer, Stuttgart

Kartografie: DuMont Reisekartografie, Fürstenfeldbruck © DuMont Reiseverlag, Ostfildern

Umschlagfotos

Titelbild: Das russisch-orthodoxe Áthos-Kloster Ágios Pantelímonos ist an seinen grün-blauen Kuppeln und Türmchen zu erkennen, auf denen goldene Kreuze stehen.

Umschlagklappe hinten: An Pier 1 im alten Hafen von Thessaloníki können Sie sich einfach niederlassen und chillen – ganz so wie die jungen Einheimischen.

Hinweis: Autor und Verlag haben alle Informationen mit größtmöglicher Sorgfalt geprüft. Gleichwohl sind Fehler nicht vollständig auszuschließen. Alle Angaben erfolgen ohne Gewähr. Bitte schreiben Sie uns! Über Ihre Rückmeldung zum Buch und Verbesserungsvorschläge freuen sich Autor und Verlag:

DuMont Reiseverlag, Postfach 3151, 73751 Ostfildern,
info@dumontreise.de, www.dumontreise.de

FSC
www.fsc.org
MIX
Papier aus ver-
antwortungsvollen
Quellen
FSC® C124385

1. Auflage 2018
© DuMont Reiseverlag, Ostfildern
Alle Rechte vorbehalten
Autor: Klaus Bötig
Redaktion/Lektorat: Marianne Bongartz
Grafisches Konzept: Eggers+Diaper, Potsdam
Printed in China

Kennen Sie die?

Aristoteles
Der Philosoph hat einst am Strand von Stágira gespielt.

Atatürk
Sein Geburtshaus steht in Thessaloníki.

Sógambros
Schwiegermutterkoteletts sind seine Spezialität.

Panagía
Der hl. Jungfrau gehört der Berg Áthos.

Sokratís Malamás
Der 1957 geborene Sänger ist der Stolz von Sykiá.

Homo heidelbergensis
Seine Knochen fand man in der Höhle von Petrálona.

Giánnis Boutáris
Thessalonikis Bürgermeister seit 2011

Alexander der Große
Der kleine Alexander wurde im makedonischen Pélla groß.

David Ben-Gurion
Israels erster Premier studierte in Thessaloníki.